KB233892

겹겹

겹겹
중국에 남겨진 일본군 '위안부' 이야기

초판 1쇄 발행 2013년 8월 15일 ＼**초판 5쇄 발행** 2016년 10월 1일
지은이 안세홍 ＼**펴낸이** 이영선 ＼**편집이사** 강영선 ＼**주간** 김선정
편집장 김문정 ＼**편집** 임경훈 김종훈 하선정 유선 ＼**디자인** 정경아
마케팅 김일신 이호석 김연수 ＼**관리** 박정래 손미경 김동욱

펴낸곳 서해문집 ＼**출판등록** 1989년 3월 16일(제406-2005-000047호)
주소 경기도 파주시 광인사길 217(파주출판도시) ＼**전화** (031)955-7470 ＼**팩스** (031)955-7469
홈페이지 www.booksea.co.kr ＼**이메일** shmj21@hanmail.net

안세홍 © 2013
ISBN 978-89-7483-618-4 03910
값 16,000원

이 도서의 국립중앙도서관 출판시도서목록(CIP)은 e-CIP 홈페이지(http://www.nl.go.kr/ecip)에서
이용하실 수 있습니다.(CIP제어번호: CIP2013012998)

안세홍의 포토 에세이

겹겹

중국에 남겨진 일본군 '위안부' 이야기

서해문집

2003년 두 차례에 걸쳐 중국을 돌며 일본군 '위안부' 피해자 할머니들을 만났다.
그때 할머니들과 주고받은 이야기를 책으로 묶었다.
사진은 2001년에서 2005년 사이에 찍었다.

일제강점기에 중국으로 끌려가 남겨진 할머니들은
한국과 북한을 '남조선'과 '북조선'이라 부르며 고향을 기억하고 있다.
그 외에도 할머니들이 사용하는 단어를 그대로 글로 옮겼다.

차례

프롤로그

"죽어서라도 고향 땅에 돌아가고 싶어"

일본군 '위안부' 피해자 할머니들을 만나온 지 어언 18년이 흘렀디. 1996년 사회평론《길》잡지 사진화보 취재로 할머니들이 모여 사는 경기도 광주〈나눔의 집〉을 방문한 것이 첫 만남이었다. 할머니들과 나눈 짧은 말 한마디 한마디에서 80여 년 세월의 아픔과 한을 느꼈다. 그 이후 계속 전국에 남아 있는 피해자 할머니들을 만나고, 그 내면에 담긴 고통을 사진에 담았다. 2001년에는 전쟁이 끝나고서도 고향으로 돌아오지 못한 채 중국에 살고 있는 할머니들의 존재를 알았다. 그때부터 중국 여러 곳을 아홉 차례 걸쳐 할머니들을 찾아 나서며 그 삶을 사진으로 남기고 있다.

중국에서 처음 만난 이수단 할머니가 사는 곳은 헤이룽장黑龍江 성 무단장牡丹江 시 둥닝東寧 현의 오지 시골 마을이었다. 중국에 도착해서도 오랜 시간 차를 타고 달렸고, 끝없이 이어지는 허허벌판이 '만주 벌판'임을 실감케

했다. 찾아가는 길에 할머니들이 겪은 과거의 삶을 일부나마 더듬어 보았다. 가족도 없어 경로원에 몸을 맡긴 채 살고 있는 이수단 할머니, 1940년 열아홉 살에 둥닝 현 시먼쯔石門子로 끌려와 '히도미'라는 이름으로 전쟁이 끝날 때까지 5년 동안 일본 군인들의 성노예였다.

지금은 콩밭으로 변했지만 당시 흔적이 남아있는 시먼쯔에는 사단급 관동군 부대가 있었고, 주변에는 위안소 네 곳이 있었다. 당시 한 평 남짓한 공간에서 추위와 공포, 배고픔에 떨며 총칼 앞에 자신을 버려야 하는 고통에 시달렸다. 전쟁이 끝나고 할머니는 고향으로 돌아가야 했지만, 자신이 중국 어디에 있는지, 말도 안 통하는 상황에서 누구한테 도움을 받아야 할지도 몰랐다. 그 누구도 믿지 못한 채 다른 일본군 '위안부' 피해자 여성들과 함께 위안소 부근 마을에 남겨질 수밖에 없었다.

그런 자신을 잊지 않고 조선 땅에서 찾아온 내게 고마움의 눈물과 함께 고향으로 돌아가지 못한 설움의 눈물을 보여주었다. 지금까지 그 누구에게도 자신의 과거와 가슴속 깊은 상처를 말할 수 없었기에 커다랗게 응어리진 가슴을 내보인 거였다. 더구나 타국에서 핍박받으며 살아온 서러운 생활은 겹겹이 지울 수 없는 한으로 남았다.

80여 년 전에 당한 씻을 수 없는 상처이기에 모든 것이 할머니들 기억 속에는 생생하게 남아 있었다. 끌려감, 감금, 끊임없이 반복되는 성폭행 그리고 버려짐. 이 모든 것이 잊으려야 잊을 수 없는 상처로 남았다. 지금 할머니들의 생활 터전이 위안소 터와 아주 가까운 곳에 있으니 그럴 수밖에 없을 것이다. 아픔의 상처가 남아 있는 곳을 벗어나지 못하고 평생 그곳을 배회하며 살았다.

일본군 '위안부' 당시 그곳을 벗어나기 위해 몇 날 며칠을 군인들 눈을 피해 허허벌판 속을 도망쳐 보지만, 결국 다시 잡혀 동료까지도 더 큰 고통에 시달려야 했다. 이곳을 벗어나고 싶어도 벗어나지 못한 채 살았기에 할머니들의 고통은 과거와 단절되지 않고, 끊임없이 이어지고 있다.

할머니들의 발자취는 전쟁의 최전선이었던 곳에서 찾을 수 있었다. 헤이룽장에서 베이징北京, 루산乳山, 상하이上海, 우한武漢에 이르기까지 중국 전역에 걸쳐 있다. 중국에 남겨진 할머니들의 생활은 이루 말할 수 없을 정도로 비참하다. 이제는 세월이 많이 흘러 8, 90대가 된 할머니들에게 돌보아줄 가족조차 없는 경우가 많았다.

조선 반도를 떠나는 순간 위안소에서는 일본말과 일본 이름을 써야 했고, 중국에 남겨지면서 살아남기 위해 또 다시 중국말을 배워야 했다. 타국에서 혼자 살기 어려워 결혼도 했지만, 중국인 둘째 부인으로 들어가 또 다른 설움을 받아야 했다. 과거의 상처로 아이를 가질 수 없는 할머니들에게는 나이 들어 또다시 홀로 남겨지는 더 큰 슬픔이 따랐다. 경제력을 잃고 점점 빈곤해지는 생활 속에서 더 이상 손을 쓸 수 없는 지병만 늘어가고 있다.

할머니들은 지금 아시아의 정세나 일본정부가 어떠한 입장을 취하고 있는지 모른다. 아직도 일본 군인들이 원망스럽고, 어린 시절 고향에서 함께 살던 가족을 그리는 마음이 크다. 죽어서라도 고향 땅에 묻히고 싶을 뿐이다. 할머니들이 기억하는 고향 주소와 부모 형제 이름을 가지고 한국에서 가족을 찾아보지만, 당시 기록이 잘 남아 있지 않거나 이미 가족이 어디론가 떠난 상태여서 더 이상 찾을 수 없었다. 자신들을 반겨줄 가족도 고향 땅도 없기에 할머니들은 아직도 중국에서 홀로서기라는 사투 속에서 생을 마감할 수밖에 없다.

중국을 방문할 때마다 할머니들은 한 분 두 분 돌아가시고, 화장되어 한 줌 뼛가루가 된 채 황량한 중국의 흙먼지 속으로 사라지고 있다. 2001년에서 2005년 사이에 열두 분, 2012년 새로 할머니 한 분을 만났지만, 이제는 다섯 분만 살아 있다. 두 분은 한국으로 돌아와 〈나눔의 집〉과 요양원에서 살고 있고, 세 분은 중국 샤오간孝感과 둥닝, 우한에서 고통과 시름 속에 살고 있다.

아흔 전후의 할머니들이 살아갈 날이 그리 많지 않다. 일본군 '위안부' 피해자는 조선인 할머니들뿐만 아니다. 중국, 대만, 필리핀, 인도네시아 등 태평양 연안의 나라들과 심지어는 많은 일본여성들이 전쟁을 치르는 일본군에게 인권을 유린당했고, 아직도 성폭력이라는 기억의 고통 속에 살고 있다. 할머니들이 살아 있는 동안 그 가슴속 깊이 맺힌 한이 풀릴 날이 하루 속히 오기를 바란다.

이젠
조선말도
중국말도

잘 못해.

부끄러워,

조선말을 잊어버린 게
가슴 아파.

이수단
(1922~2016)

히도미
당시 일본 이름

"이 사진 한 장밖에 없어. 유일한 가족사진이야."

한반도에서 한참을 더 올라가서 러시아 접경 지역에 이르는 곳, 둥닝 현. 이수단 할머니를 찾아 가는 길은 말로만 듣던 만주 벌판을 지나는 길이다. 늦봄이지만 낮은 언덕의 벌판은 곡물이 미처 뿌리 내리지 못한 채 끝없이 이어지고 있어 그저 황량하기만 하다. 전쟁의 최전선에서 할머니들은 이곳을 벗어나기 위해 몇 날 며칠을 걷고, 달리고, 숨어야 했을 것이다.

지린吉林 성 옌지延吉에서 만난 엄관빈 선생님과 함께 다오허道河 진에 사는 이수단 할머니의 집으로 향했다. 지린 성 훈춘琿春 시 부시장까지 지낸 엄 선생님은 '위안부' 피해자 할머니들의 안부를 챙기고, 한국에서 할머니를 만나러 오는 사람들을 안내하고 통역해주고 있다. 훈춘에서 하룻밤을 묵고 이른 아침 둥닝으로 향하는 버스를 탔다. 둥닝에 도착하고 나니 해가 지려고한다. 여기서 또 하룻밤을 자고 다음날 할머니를 만나기로 했다.

둥닝 현에서 다오허 진을 거쳐 가는 버스는 하루 다섯 차례밖에 없다. 50 킬로미터나 되는 흙먼지 날리는 비포장도로를 두어 시간을 달려서야 다오허 진에 도착했다. 서울에서 이곳까지 오는 데 3일이 걸렸다. 털털거리는 버스에서 내린 첫 느낌, 이국 땅 낯선 거리에 버려진 듯하다. 경로원 가는 길 양옆의 집에는 인기척이 없다. 간혹 마주치는 마을 사람들은 낯선 외지인인 내게서 연신 눈을 떼지 못한다.

주로 독서노인과 장애인들이 사는 '나오허 진 경로원'은 마을 외진 곳에 있다. 할머니가 경로원 주변을 산책 중이어서 우선 이곳에서 일하는 류원쑹劉文松 씨가 3호실 할머니 방으로 우리를 안내한다. 방안 양쪽으로는 한 사람씩 누울 수 있는 침대가 있고, 그 발 아래쪽에는 식탁 겸 책상으로 쓰이는 탁자가 있다. 한쪽 벽에 걸려 있는 할머니의 액자 크기가 그동안 몇 배로 커졌다. 1960년대 이후 할머니의 삶이 그대로 배어 있는 액자에는 친구와 가족사진이 아기자기하게 빼곡히 차 있다.

30여 분 경로원 주변을 배회하는 동안 할머니가 나물을 한 움큼 쥐고 들어왔다. 할머니의 모습은 그전과 달라진 것이 없다. 앞니 네 대가 빠지고, 얼굴이 약간 말랐을 뿐이다. 같은 위안소에서 지낸 동갑내기 김순옥 할머니보다 훨씬 정정해 보인다.

"날 데려온 건 일본의 앞잡이였어. 군복 입고 칼을 차고 있었지."

"돈도 주고, 옷도 주고……. 그러더라."

"그냥 여기 와서 밥도 해주고, 옷도 지어주고 그런 일을 하는 줄 알았지."

할머니는 만주에서 허드렛일을 하는 줄만 알았다. 할머니는 1940년 열아홉 살에 평안남도 숙천군에서 또래 여성 셋과 아청阿城(하얼빈 부근)으로 왔다.

"선금으로 480원을 받아 집안 형편이 어려워진 엄마에게 주고 왔지."

초기에 '위안부'로 간 할머니들은 300원 정도 선금을 받았지만, 나중에 간 이 할머니는 선금을 더 많이 받았다. 전쟁 후반기로 갈수록 할머니들이 받는 돈 액수는 커졌지만, 사실 인플레이션이 심해 돈의 가치는 오히려 떨어지고 있었다.

"아청 위안소는 일본인 부부가 주인이었어. 날 '히도미'라고 불렀어."

"하루에 군인 8명 내지 10명 정도 받았어."

"표를 받으면 주인이 6할을 갖고, 여자들은 4할을 가졌어. 매달 돈으로 바꾸어 줬지."

4할도 옷과 화장품 값 등 여러 명목으로 대부분 떼어가기 일쑤였다. 더구나 그 돈은 실제 돈이 아니라 일본 점령지에서만 사용할 수 있는 군표였다.

"표를 잊어버리면 주인이 때려. 붉은 수수밥을 주는데, 먹는 것도 부족했어."

"먹을 게 없어서 무를 훔쳐 먹었는데, 주인이 우리 모두를 때리는 거야."

"그렇게 2년을 있다가 시먼쯔로 팔려 갔지."

"시먼쯔에서는 '수즐랑(*은방울꽃 이름)'에 있었어."

장소와 주인만 바뀌었을 뿐이지, 일본 군인을 상대해야 하는 할머니의 고통은 똑같았다. 오전에는 사병들이, 오후에는 계급이 있는 군인들, 밤에는 장교들이 와서 자고 갔다.

"주인이 독했어. 우리 중 누가 여자아이를 낳으면 키워서 우리랑 똑같이 만든다고 할 정도야."

1주일에 한 번 목욕하고, 일본군 부대 군의관에게 성병 진료를 받았다.

"병이 났어. 병이 커져서 둥닝에 있는 큰 병원에 가서 성병을 치료받았어. 죽는 줄 알았지."

"열흘을 입원해 있었어. 두 달 동안 방 앞에 일본군의 출입을 금하는 표시를 해두었지."

성병을 치료하기 위한 비싼 병원비와 약값은 고스란히 할머니의 몫이었다. 수많은 고통 속에서도 할머니는 전쟁이 끝나서야 악몽에서 벗어날 수 있었다.

해방이 되고서도 할머니는 고향으로 돌아가지 못하고 위안소 부근의 다두

촨大肚川에서 한족 남자를 만나 결혼해 살았다. 과거의 병 때문인지 아이를 낳을 수 없었다. 남편의 모진 폭력에 점점 살기가 힘들어졌지만, 할머니는 어떻게든 이혼만은 하지 않으려고 노력했다. 남편이 죽을 무렵 경로원에 들어왔다.

"경로원에서 살기는 하지만 가족이 없으니 근심 걱정 없어. 마음은 편해."

마음고생 시키는 사람이 없어 덜 늙는다고 할머니가 귀띔해주었다.

"명절 때가 되면 죽은 남편의 여동생 집에서 지내기도 해."

"요즘엔 예배를 보기 위해 일주일에 두 번 마을에 있는 신도 집을 다녀."

종교적 믿음이 있어서라기보다는 마을 사람들과 어울리는 것이 좋아서다. 이 경로원에서 몇 분이 같이 다니고 있어 심심치 않게 하루를 보낸다.

"이젠 조선말도 중국말도 잘 못해."

할머니는 '위안부' 생활 후 한족 마을인 다오허 진에 홀로 들어와 지냈기 때문에 조선말을 잊어버린 지 오래다.

"지금도 언뜻 조선말이 들려올 때면 귀가 번쩍 뜨여."

할머니의 아픈 과거 얘기를 엄 선생을 통해 듣고 있다.

"부끄러워. 조선말을 잊어버린 게 가슴 아파."

할머니는 지금까지 누구에게도 자신의 아픈 과거를 허심탄회하게 얘기해

본 적이 없다.

"조선말을 쓰고 싶은데, 어떻게 해야 될지 몰라. 맘대로 안 돼."

조선 땅에서 오고 조선말을 쓰는 동족 사람에게 중국말로 자기 얘기를 하는 것에 할머니는 오히려 더 가슴 아파하며, 긴 한숨과 함께 눈물을 흘린다.

경로원에 저녁 시간이 찾아왔다.

"여긴 해가 짧아 하루 두 끼를 먹어. 항상 배고프지."

주로 쌀과 수수를 넣어 끓인 죽으로 아침을 들고 있다. 오후에는 밥과 딩이 나온다. 방 한 켠에는 조그만 탁자와 보온병이 있고, 탁자 서랍 속에는 반찬을 채워 놓았다. 변변치 않은 밥과 탕으로는 식사가 되지 않아, 따로 반찬을 준비해야 한다 그래서 봄이 되면 이른 아침 할머니는 들로 산으로 다니며 먹을 수 있는 채소를 뜯어다 중국식 고추장에 찍어 반찬으로 삼는다. 우리 걱정은 말고 그냥 드시라는 말에 할머니는 등을 돌리고 식사하신다. 10분도 채 되지 않는 시간 동안 우리를 의식하며 연거푸 뒤를 돌아보며 같이 식사하자며 밥숟가락을 뜨는 둥 마는 둥 한다. 할머니는 따로 먹고 싶은 것이 있어도 경제적 여유가 없어, 항상 식사시간이 되면 이 자리를 지키며 살아왔다.

"파는 담배는 비싸. 가끔 원장이 잎담배를 사다줘."

담배는 할머니의 유일한 기호품이다. 길게 잘라 놓은 신문지 조각에 약간의 담뱃잎을 올려놓고 둘둘 말아 침을 발라 마무리한 후 핀다. 잎담배에 불을 붙여 힘들게 빨아 보지만 엉성하게 말아진 담뱃잎은 그리 쉽사리 타 들어가지 않는다. 할머니의 얼굴을 가로지르며 피어오르는 니코틴 가득한 연기 속에는 시름이 한가득 담겨 있다. 할머니는 담배 한 대를 말아 핀 후에야 식사를 마쳤다. 짧은 시간이었지만 그 어느 때보다도 할머니의 뒷모습이 쓸쓸하다.

"고향이 평양 부근이야. 고향에서 흐르는 강하고 똑같애."

비가 오나 눈이 오나 하루도 거르지 않고 할머니는 고향 생각에 경로원 뒤로 10분 정도를 돌아가면 있는 '샤오수이펀小綏芬'이라는 강가를 찾는다. 계속되는 봄 가뭄에도 폭 넓은 강에는 제법 빠른 속도로 강물이 소리 없이 흐르고 있다.

강가를 거닐 때에도 할머니는 주변에서 자라나는 나물을 캔다. 그리고 고향 생각에 젖어들 때면 자연스레 담배를 꺼내 불을 지핀다. 아무런 말없이 그저 강을 바라보며 피는 담배 연기 속에는 한숨만이 섞여 나올 뿐이다. 지금이라도 고향에 돌아가고 싶은 생각이 간절하지만, 자신을 반겨줄 누구 하나 없다는 것을 알기에 선뜻 나설 수가 없다. 1970년대 초 북조선에 있는 가

족과 연락이 되어 편지와 사진을 주고받았다. 그러나 1973년에 보낸 편지가 주소불명으로 돌아온 이후 연락이 끊겨 마음만 애달플 뿐이다.

"이젠 가족이 보내준 이 사진 한 장밖에 없어. 유일한 가족사진이지."

가족과 함께 있어야 할 나이에 할머니는 고향을 떠났다. 겨우 가족들과 연락이 닿았지만 만날 수 없어 고향 가족들이 모여 사진을 찍어 보내왔다. 할머니는 무엇보다도 이 사진 한 장에 의지해 지금까지 살아왔다.

내래 죽기 전에
한복 입고 사진 박히는 게

소원인데,

한 장 박아주소.

김순옥
(1922~   )

가요코
당시 일본 이름

"어디메로 도망을 쳐, 잡히면 죽어요."

중국의 현은 작다고 해도 웬만한 시를 연상시킨다. 무단장 시 둥닝 현 시내에 살고 있는 김순옥 할머니를 만나기 위해 시내 호텔에서 택시를 타고 집 부근까지 갔다. 할머니가 사는 동네는 6, 70년대 도시 개발 당시처럼 같은 모양으로 지어진 집들이 줄지어 있다. 여러 골목을 드나들며 찾았지만, 할머니가 사는 집을 찾을 수 없었다. 엄 선생님이 한국으로 귀국한 '위안부' 피해자 지돌이 할머니의 딸에게 전화를 걸어 집을 확인했지만, 찾기가 쉽지 않다. 동네를 몇 바퀴 도는 동안 할머니의 남편이 골목에 의자를 내놓고 쉬고 있어서 겨우 집을 찾을 수 있었다.

오랫동안 손길이 닿지 않아 검게 때가 묻은 듯한 나무와 유리로 만든 현관문을 열고, 좁고 지저분한 마당을 지나서 할머니집으로 들어갔다. 할머니의 집은 언뜻 보아도 4, 50년이 더 넘은 듯하다. 부엌을 지나 거실 겸 턱 높은

구들이 있는 방안이 전부다. 집안 어디에도 화장실이 없어 동네에 있는 공동 화장실을 이용해야 한다.

들어서는 순간 2년 전 할머니의 모습은 찾기 어려웠다. 머리카락은 많이 빠지고, 허벅지 살도 몰라보게 빠져 왜소해 보인다. 내가 재작년에 다녀간 사진가라고 인사했는데도 할머니는 눈이 침침한 탓인지 한눈에 날 알아보지 못했다. 내 존재를 알기도 전에 한국에서 왔다고 하니, 온몸이 아프다며 하소연하기 시작한다. 젊어서 고생했지만 늙어서끼지 왜 이런 고생을 해야 하는지……. 그동안 조선말을 할 상대가 없었던 탓인지, 할머니의 신세 한탄은 끝이 없다.

"우리집은 평양이에요. 집이 어려워서 부모님이 남의 집에서 일하며 살았어요."

"먹을 것이 없어서 콩으로 배를 채웠어요. 모자라면 물로 배를 채워요."

"일곱 살부터 남의 집에서 애기를 봐줬어요."

할머니는 어릴 적부터 7년 동안 일본 사람의 집에서 허드렛일을 하며 아기를 돌봤다.

"어드메라더라, 공장에서 일한다고 했어요. 여자들이 삼십 명은 모였을 거예요."

1942년 스물한 살에 무단장을 거쳐 둥닝으로 들어왔다.

"꼬리치마를 입고, 갓신을 신었어요. 어디메가 어딘지 모르고, 와보니 그딴 데였어요."

"사람들이 날 '가요코'라고 불렀어요. 처음엔 무서워 울기만 했어요."

"도망치고 싶어도 아는 사람이 없는데 어디메로 도망을 쳐요. 잡히면 죽어요."

둥닝 현 시내에 있는 위안소 건물은 아주 컸다. 일본군은 자신들이 점령한 지역에서 좋은 건물을 빼앗아 마음대로 사용했다. 여기서 일본 장교들이 모여 큰 연회를 자주 열었다. 할머니는 얼굴이 예뻐서 주로 장교를 상대했다. 그러다 장교의 아이를 임신했고, 낳았다. 아이를 키울 수 없어 할머니는 아이를 중국인에게 맡겼지만, 5개월 만에 죽고 말았다.

이후 시먼쯔의 위안소로 왔다.

"시먼쯔 위안소는 촌이어도 군부대가 많았어요."

"군인을 적게 받으면 주인이 때렸어요. 일본 군인도 술 마시고 발로 막 때리는 거예요. 눈앞이 노랬지요."

"매 맞고 있으면 여자들이 다 운다 말이야. 마음 달래는 게 창가하고 신세타령이 전부지."

1945년 전쟁이 끝나면서 일본 군인들은 할머니들을 버려둔 채 도망쳤다. 그러나 안도의 한숨도 잠시였다. 소련군이 들어오면서 할머니들은 그들에게 잡혀 또 다시 그 짓을 당할까 봐 도망치기 시작했다.

"난리가 나서 피난 다녔어요. 소련군이 길을 막아서 옆 동네 다두촨으로 가, 다락에 숨었어요."

할머니는 소련군에게 잡히면 또다시 무슨 일을 당할지 모르는 생각에 다른 조선인 여성들과 몸을 피했다.

"얼굴에 검댕이를 칠하고 도망 다녔어요."

"소련군에게 들키면 고춧가루 뿌리고 도망쳤어요. 그러다 다 뿔뿔이 흩어졌어요."

할머니는 살아갈 방법이 없어 서른다섯 살에 양식 창고에서 일하는 지금의 중국인 남편을 만나 결혼했다. 딸 둘을 낳았고, 아들은 입양해 키웠다. 2003년까지만 해도 할머니는 남편과 양아들, 손자 이렇게 넷이서 살았다. 평생 같이 산 남편이지만 의처증이 심해 외부와 통하는 전화마저도 열쇠로 잠가 두고 있어 할머니에게 전화하는 것조차도 쉽지 않았다.

"우리 둘 다 나이가 많아 항상 아파요. 병원에 들락날락거리는 것이 일이지요."

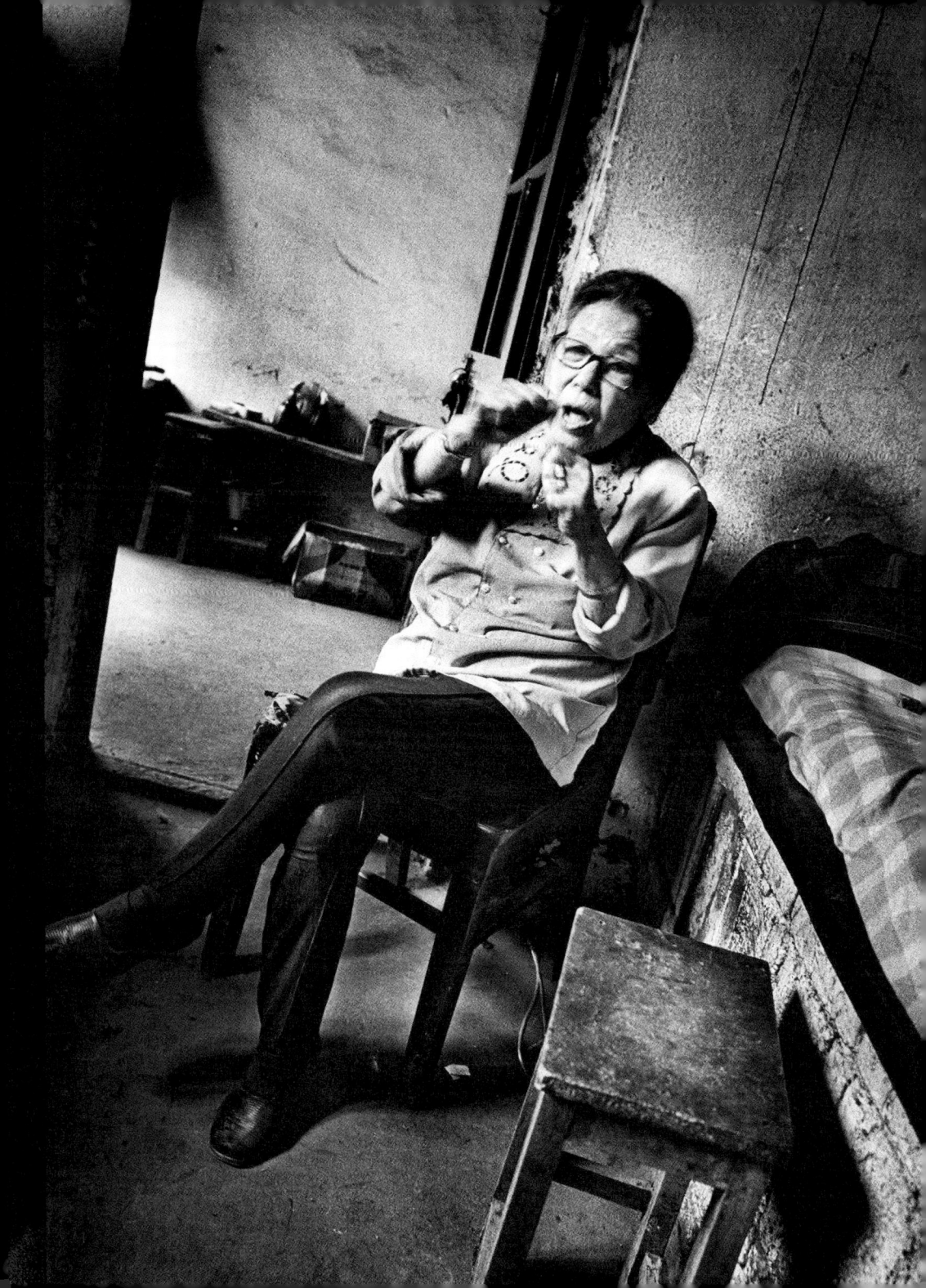

"어려우니까 둘이서 번갈아 링거를 맞아요."

두 분이 병원 처방에 따라 동시에 치료해야 하지만, 경제 사정이 어려워 급한 대로 며칠에 한 번 돌아가며 한 사람씩 집에서 링거를 맞고 있다. 그나마 이것마저도 하지 않으면 하루가 편치 않다. 이래저래 할머니는 자신의 몸도 성치 않으면서 남편의 병수발을 들고 있다.

얼마 전 남편의 생일날을 맞아 무단장에 사는 큰딸한테서 핑크빛 갑사로 만든 한복 한 벌을 선물받았다.

"내래 죽기 전에 한복 입고 사진 박히는 게 소원인데, 한 장 박아주소."

할머니는 그동안 사진관에 가서 사진 한 장 남길 여유가 없었다. 너무나 말라보이던 몸에 한복을 두르니 그나마 왜소한 몸이 넉넉해 보인다. 문밖 골목으로 나와 이리저리 포즈를 취하며 사진을 여러 장 찍었다. 어제오늘 어둡기만 하던 얼굴에는 어느새 화색이 돌기 시작한다. 무표정한 얼굴은 미소 띤 얼굴로 바뀌고, 구부러진 등허리는 자연스럽게 펴졌다.

오후에는 이수단 할머니와 함께 시면쯔 위안소를 방문하기로 했다. 다오 허 진에서 이수단 할머니를 모시고 나왔다. 시면쯔까지는 둥닝에서도 차로 한 시간여를 시골 마을로 들어가야 한다. 가는 길 중간에 할머니들이 해방 후 소련군을 피해 숨어 지내던 다두촨을 지났다. 이곳은 한국에서 '위안부'

피해자 할머니들이 모여 있는 〈나눔의 집〉에서 살다가 돌아가신 지돌이 할머니가 있던 곳이기도 하다.

시먼쯔 촌 뒤쪽에 있는 관동군부대 터와 위안소 터를 찾았다. 넓게 펼쳐진 황량한 공간에는 모든 건물이 없어지고 콩밭으로 바뀐 지 오래다. 아직 콩을 심은 지 얼마 되지 않아, 조그만 떡잎만이 보일 뿐이다. 밭고랑 사이로 조금 걸어 들어가니 곳곳에서 깨진 사기 그릇 조각과 빨간 벽돌 조각들이 그대로 눈에 띈다. 당시 사용하던 물건들이 용도를 알 수 없는 형태로 이곳 역사를 지키고 있다.

"이쪽에 군부대가 쭉 자리하고 있었고, 저쪽으로 우리가 있었지."

"우리가 있었던 데는 '수즐랑'하고 '이치마츠'야. 한 30명이 있었어."

3개 사단의 군부대가 있었고, 일본인 '위안부'가 있던 위안소가 두 곳, 조선인 '위안부'가 있던 위안소가 두 곳 있었다. 서로 팔과 지팡이로 사방을 가리키는 것만으로도 중국 오지인 이곳의 위안소 건물과 군 막사의 규모를 가늠할 수 있었다. 지금에야 그 흔적을 찾아보기 힘들지만, 당시 모습이 할머니들에게 아프지만 눈에 선한 모양이다.

당시 시먼쯔 촌 위안소에서 '조바(*밥을 짓고, 물을 퍼 나르는 일을 하는 심부름꾼)'로 일하던 궈칭스郭慶士 씨를 만날 수 있었다. 커다란 장골의 그를 할머니

들은 오빠라고 부르고 있었다. 그에게서 당시 상황을 좀 더 세세히 들을 수 있었다.

"일본 군인들이 못된 짓 많이 했지. 중국 사람들은 거기에 가까이 가지도 못했어."

"전쟁이 끝나고 소련군이 들어오면서 여자들이 도망칠 때 내가 네 명을 우리집에 숨겨 줬지."

소련군이 시먼쯔를 짐령하면서 40여 명의 '위안부' 여성들은 주변 마을로 피신했다. 이후 그녀들은 고향에 돌아가지 못하고, 근처 마을에 살았다.

하늘에는 구름이 가득하다. 아침만 해도 파란 하늘이 보이더니 빗방울이 하나 둘씩 떨어지기 시작한다. 잠시 머무는 동안에도 할머니는 빗방울의 수만큼이나 눈물을 삼키고 있었다. 떨어지는 비를 뒤로 한 채 다시 십으로 돌아갈 채비를 한다. 아픈 상처, 무엇 하나 어찌할지 모른 채 살아온 세월의 무게를 뒤로 하고 시먼쯔를 떠나야 했다. 누구의 책임도 원망도 잊은 채 남은 세월 그저 아무 걱정 없이 살고 싶은 것이 할머니들의 한결 같은 심정이다.

이젠 다시 둥닝으로 돌아가야 한다. 택시에 오른 그 어느 누구도 아무 말이 없다. 서로 지쳤는지 아니면 서로의 깊은 상처를 보듬을 수 없기에 침묵을 지키며 한 시간 내내 둥닝까지 왔다.

난 단번에 알았지,
어디케 갔겠어.

몸 버리러 갔다는 걸
어떻게 이모에게
얘기할 수 있갔어.

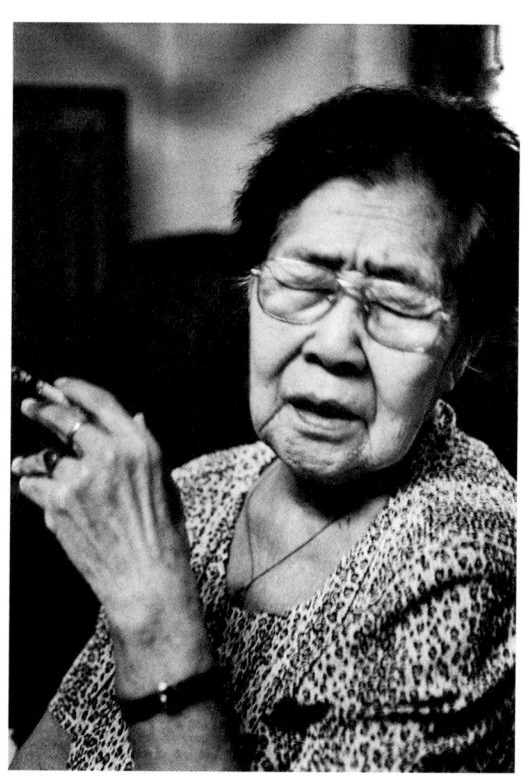

배삼엽

(1925~2011)

게이코, 수미코

당시 일본 이름

"일주일 동안 거기서 피가 나대요.
아프고 붓고 걷지도 못했수다."

두 해 전 할머니들을 만날 때에는 바쁜 조사 작업 일정 때문에 많은 시간 이 야기를 나눌 수는 없었다. 이번 일정은 시간을 넉넉하게 잡았다. 지난번 할 머니집을 다녀가면서 집 주소를 제대로 적어 가지 않았다. 그때 다녀간 기 억으로는 할머니집이 베이징 톈탄天壇 공원 부근의 톈탄 호텔 가까이에 있 었다. 기억을 더듬으며 찾아 나섰지만 그때의 기억과 완전히 다른, 낯선 곳 이다.

집을 찾지 못해, 할머니집에 여러 차례 전화해서 물었지만 알 수가 없었 다. 때마침 같은 아파트 3층에 살고 있는 딸이 집에 있어 호텔 앞까지 마중 보낸다고 한다. 한참을 걸었을까, 이리저리 헤매다 보니 할머니 딸을 만날 수 있었다. 딸과 만난 적은 없지만, 딸은 내 남다른 행색을 보고 먼저 알아보 았다. 그 뒤로 배삼엽 할머니도 함께 나와 주었다.

할머니는 그동안 많이 변해 있었다. 검은 머리가 허옇게 되었고, 눈은 더 나빠져 실눈으로 나를 바라보고 있다. 내가 아침도 안 먹은 것 같다며 조선족이 하는 냉면집으로 먼저 데려갔다. 식당에 들어서자, 할머니는 한 그릇은 부족하다며 두 그릇을 혼자 먹으라고 시켜 주었다. 시큼한 초가 많이 들어간 강한 신맛이 내 입맛에는 맞지 않았다. 한 그릇도 배가 부른데 두 그릇을 겨우 비웠다.

집으로 가는 길에 할머니는 심장이 뛴다며 몇 걸음 못 걷고 쉬어야 했다.

"이젠 조금만 걸어도 숨이 차고 앞도 뿌연 게 잘 안 보여."

그러기를 몇 차례, 베이징 특유의 골목길을 지나 집에 도착할 수 있었다. 이곳도 재개발로 새로운 건물이 들어선다는 소문이 떠돈 지 한참이지만 아직 개발은 깜깜 무소식이다. 붉은 벽돌로 된 5층 아파트 입구는 좁고 어둡다. 한치 앞을 분간하기 어려울 정도다. 18제곱미터, 한국 평수로 5평 정도 되는 좁은 아파트에 커다란 침대가 하나 있다. 낡은 소파, 텔레비전 역시 그대로다. 지난해 새 에어컨을 단 것이 변화의 전부다. 그리 덥지는 않지만 땀을 흘린다며 에어컨을 켜준다.

"내 어릴 적에는 잘 살았더래요. 근데 내 열 살에 아버지 돌아가시고, 여기에 오던 해, 열세 살에는 어머니마저 돌아가셨더래요."

경상남도 하동군 화개면이 할머니의 고향이다. 어머니가 돌아가신 뒤 계급 없는 군복을 입은 군속을 만났다. 그는 '만주에 가면 여러 일을 골라서 할 수 있고, 돈을 벌 수 있어.'라며 속였다. 할머니는 그때 어려워진 집안을 걱정하고 있었다.

"왜 조선에도 베 짜는 공장도 있듯이 만주에 별의별 공장이 다 있으니, 그중 하나 고르라고……."

엄마를 잃은 아픔에 만주에 갈 것을 결심하고 군속을 따라 나섰다. 여기에는 오빠가 설득한 것도 한몫했다. 오빠는 군속에게 400원을 받고 어린 동생을 중국에 보냈다.

"하동에서 부산으로 왔더래요. 거기서 기차를 타고 인천까지 왔더래요."

"여기저기서 12명이 모였수다. 내가 제일 어렸어. 천진까지는 배 타고 왔더래요."

그때가 열세 살, 월경도 하기 전이었다. 또래 아이들에 비해 키가 무척 커 성숙한 티가 났다. 여기서 기차를 타고 네이멍구内蒙古 바오터우包頭까지 들어갔다.

처음 간 곳은 '아사히칸'이라는 위안소였고, 주변에는 위안소 세 곳이 더 있었다.

"거기에 도착해서 들어서니 색시들이 막 화장하구…, 유곽이데요. 아! 이거 속았구나."

도착하는 순간 할머니는 어린 나이었지만, 공장에서 일하는 것이 아니라 일본 군인을 상대해야 된다는 것을 알았다. 도착한 지 이틀 만에 일본 군인을 받기 시작했다.

"그때 처녀는 비싸게 팔렸더랬지요. 처녀한테는 100원을 내야지요."

어리고 처녀라는 이유로 위안소 주인과 일본 장교 사이에 하룻밤에 거금 군표 100원(일반 사병은 30분에 1원을 지불한다)이 오갔다.

"일주일동안 거기서 피가 나대요. 아프고 붓고 걷지도 못 했수다."

"일본 놈들을 받는 게 얼마나 고달프던지, 같이 있던 언니 둘은 아편을 먹고 자살을 했더랬지요."

할머니는 그때 기억을 지울 수 없었다. 아사히칸에서 할머니 방에는 이름 대신 5번이라는 숫자가 붙었고, 일본 군인 사이에 '게이코'라 불리었다.

위안소에서 3년이라는 시간이 흘렀다.

"밥 한 술만 먹더래도, 목구멍에서 피가 한 바가지는 쏟아지는 게야. 고저 죽는 줄 알았수다."

병원에 갔지만, 병명을 알 수 없었다. 위안소에서 쫓겨나 이모가 있는 부

산으로 돌아왔다.

"그때 당시 똑같은 병에 걸린 여성 둘이 더 있었수다. 어떻게 되었는지는 알 수가 없수다."

부산 이모집에 돌아와서야 할머니는 한약 세 첩을 먹고 쉽게 병이 나았다.

"부산 이모집에 왔는데, 조카 귀남이도 싱가포르로 돈 벌러 떠났다는 기야."

"난 단번에 알았지, 어디케 갔겠어. 몸 버리러 갔다는 걸 어떻게 이모에게 얘기할 수 있갔어."

할머니는 조카가 싱가포르로 갔다는 얘기를 듣고서 충격을 받았다. 당연히 '위안부'로 간 사실을 알아챘기 때문이다.

"조선에 있는 가족도 어렵지요, 일도 없고. 또 중국으로 가 돈을 벌어야겠다고 생각했더래요."

"고향에 돌아가 봐야 엄마 아빠도 없고, 먹고 살 길이 없었더래요."

부모와 가족이 없는 조선에 남아 있는 것이 무의미하다고 생각한 할머니는 다시 중국으로 갔다. 톈진과 베이징에서는 군인을 상대로 춤을 같이 추면 돈을 받는 '춤방'에 다녔다. 주로 미군 손님이 많았다. 예쁘고 날씬한 할머니는 미군들 사이에 인기가 많았다. 그 이후 할머니는 중국에 홀로 남아 살게 되었다.

1999년까지만 해도 할머니는 북조선 국적을 가지고 있었지만, 한국을 방문하기 위해 국적을 중국으로 옮겨 신분증을 다시 만들었다. 할머니는 그해 4월과 5월에 걸쳐 한 달 동안 한국 고향에서 조카들을 두루 만나며 다녔다. 부산에서 만난 조카 귀남이 할머니는 같은 해에 한국 정부에 '위안부' 피해자로 등록되었다. 하지만 할머니는 등록 절차를 밟지 않았다. 할머니가 방문할 당시 오래전에 한국에서 사망 신고가 되어 있는 상태였다.

　　"한국에서 살 곳도 없고, 늙어서 돈을 받아 어디에 쓰갔어. 귀찮아."

　　결국 할머니는 국적 회복과 일본군 '위안부' 피해자 등록을 포기하고 중국으로 돌아갔다.

　　할머니는 1985년부터 앓아온 백내장으로 앞을 거의 못 본다. 읽을거리가 있으면 돋보기를 꺼내 들여다봐야 한다. 백내장 수술 날짜를 받아 놓았으나 내가 온다는 소식에 입원 날짜를 늦추었다. 그 전부터 백내장으로 고생했지만, 그냥 두면 실명할 수도 있다고 해서 이번에는 수술하기로 했다. 의료보험이 없는 중국에서는 병원비가 너무 비싸 할머니들이 아파도 병원에 갈 수 없다. 그래서 대부분 지병을 가지고 있다. 다행히도 수술비 2만 4000위엔 중 많은 부분을 할머니가 젊었을 때 일하던 공작소에서 부담하기로 해서, 마음 편히 입원할 수 있다.

할머니는 젊어서 공작소에서 일했다. 이곳에서 일하기 전까지는 변변한 일이 없어 어렵게 살았다. 그러나 운 좋게도 중국의 지도자 저우언라이周恩來을 만나게 되었다. 그가 1958년 북조선을 방문하여 경제수교를 맺은 직후였다. 그는 할머니를 박스 공장에 취직을 시켜주었다. 할머니는 일본어가 능숙하여 통역과 같은 일을 했다.

퇴직한 후 연금으로 달마다 800위엔 정도를 받고 있다. 이 정도는 베이징에서 아끼면 혼자 살 수 있는 금액이지만, 약값이 만만치 않게 들어가 넉넉하지는 않다. 하루에도 10여 가지가 넘는 약을 복용하는 까닭에 한 달에 300위엔 정도가 약값으로 든다.

"이제는 먹어도 안 듭네다. 자꾸 양만 늘어납네다."

이젠 만성이 되어 더 많은 양을 먹지 않고는 약효도 없다. 더구나 하루리도 먹지 않는다면 금단 현상까지 보인다.

할머니는 베이징에서 살면서도 한국말을 잊지 않기 위해 혼자 있을 때면 조선 노래를 부른다. 〈눈물 젖은 두만강〉, 〈목포의 눈물〉 등 옛 노래를 부른다. 부엌일을 할 때도 혼자 노랫가락을 흥얼거리며 눈물을 흘린 세월이 반이다. 할머니는 지금도 조선말을 잘한다. 주변의 중국 사람들과 어울리기보다는 조선 사람과 어울리기를 좋아한다. 지금은 외출이 어려워 이웃의 조선족

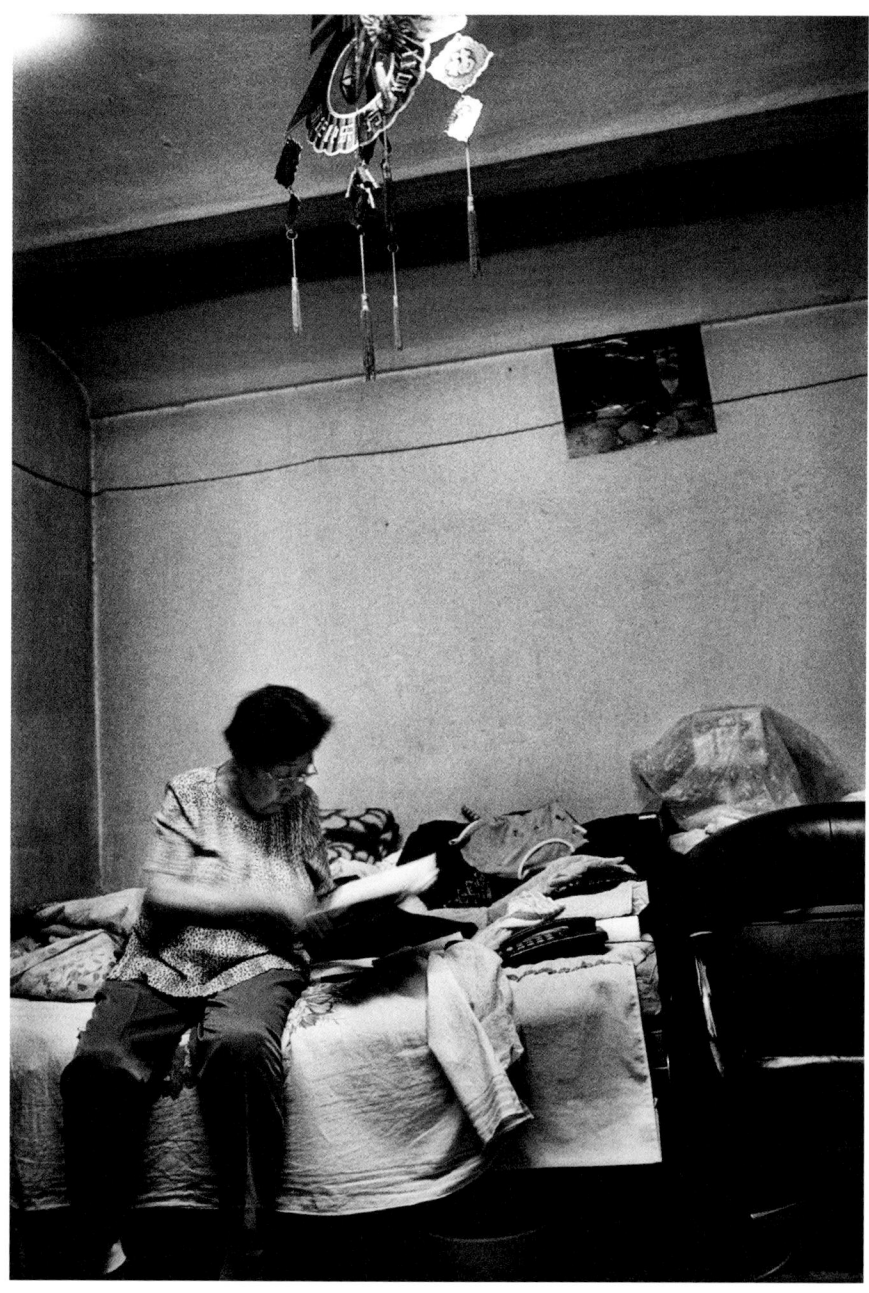

친구들과 주로 전화로 안부를 물어본다.

중국 날씨는 계속 흐리기만 하다. 쨍한 햇빛을 본 지가 벌써 열흘이 다 돼 간다. 날씨 탓일까, 할머니는 요즘 잠이 잘 오지 않아 수면제를 먹는다.

이젠 수면제도 습관이 돼서 그리 잘 듣지 않는다. 오늘은 커피 한잔하자며 한국 시골에서나 먹을 수 있는 진한 커피에 설탕을 듬뿍 넣어 달달하게 큰 컵으로 한잔 내온다. 할머니는 중국차보다는 커피를 즐겨 마신다. 한 달에 56위엔 하는 큰 커피 한 통을 혼자 다 드신다. 하루에 한 번 커피를 마셔야 입안이 개운하단다.

할머니와 이런저런 얘기를 하던 중, '위안부'로 추정되는 할머니가 또 있 다고 한다. 허베이河北성 시자추앙石家庄에서 또 다른 '위안부' 박 할머니를 만났지만, 본인은 극구 부인한다고 한다. 본인이 부인하니, 어찔 도리가 없 지 않은가. 누구나 감추고 싶은 비밀이 있을 것이다. 박 할머니도 그러한 것 을 감추고 싶을지도 모를 일이다.

고향에 돌아가고 싶지.
어머니, 아버지도 보고 싶고,
동생들도 보고 싶지.

근데 인자 가서 뭐하갔어.
누구 하나 있어야 말이지.

김의경
(1918~2009)

아카리
당시 일본 이름

"꽃이 피어오르는 걸 끊어낸 거지"

상하이에서 배로 3일이 걸리는 양쯔 강 중류에 위치한 후베이 성 우한. 그곳 더위는 중국 3대 찜통더위에 속한다. 햇볕이 들지 않는 6월인데도 34도나 되는 높은 온도와 습도 때문에 가만히 있어도 땀이 흐른다. 온종일 선풍기를 켜놓아도 더위를 잊기에는 충분하지 않다. 한창 더울 때에는 40도가 넘는다고 하니 여름을 이겨내기가 보통 일이 아니다.

2년 전 다녀갈 때 할머니의 집주소를 적어두었지만, 변화하는 우한의 도시와 길목을 눈여겨 봐두지 않은 탓에 단번에 집을 찾기가 어려웠다. 할머니와 같이 살고 있는 사위에게 전화를 걸어 위치를 확인하고 나서야 길을 찾았다. 할머니집 가까이 큰 도로까지 양딸과 사위가 마중을 나왔다. 예전에 왔을 때는 안쪽 골목에서 차에서 내려 집으로 들어가는 입구를 제대로 보지 못했다. 아파트 골목으로 들어서니 어렴풋이 기억난다. 허름한 아파트 3층에는 양쪽으로 대문과 철창문이 나 있다. 집안에 들어서니 할머니가 나를 기쁘게 반겨준다. 얼굴에 화색이 도는 것이 방안에서만 지내던 할머니가 이제는 어느 정도 활동하시는 듯하다.

"집에서 좀만 나가면 남대문이 보여."

할머니의 고향은 당시 행정구역으로 '경기도 경성부 태평로', 지금의 서울이다.

"그때 집에 혼자 있었지. 군복을 입은 사람이 들어왔어."

"이제는 여자들도 군인으로 나가야 한다는 거야."

"엄마 아빠도 못 보고 얘기도 못 하고 끌려왔지."

당시 집에 아무도 없었던 터라 부모는 딸이 중국으로 끌려간 사실조차 몰랐다. 1938년이었다. 스무 살 나이에 여덟 명의 여자들과 함께 중국행 기차를 탔다. 삼엄한 감시 속에 마구간 화차와 뒤섞인 채로.

"기차에는 말도 타고 있었어. 그 속에 우리도 같이 탔지."

"어디로 가는지도 모르고 기차를 탔지. 기차가 설 때마다 일본 군인들이 들이닥치는 거야."

"힘이 있나, 도망칠 틈도 없이 그저 총칼이 무서워 당하는 거지."

할머니가 처음 간 곳은 난징南京이었다. 난징까지 가는 도중에 어디가 어

디인지 모르는 역에 정차할 때면 일본 군인들이 기차로 들이닥쳤다. 여자들을 끌어내리고, 윤간을 했다. 황당한 나머지 저항도 했지만, 일본 군인들이 총칼로 위협하는 데는 속수무책이었다.

"몇몇은 도망치는 거야. 일본 놈들도 쫓아갔지."

"안되니까 냅다 탕탕 총을 쏘는 거야. 그냥 피 흘리며 쓰러졌지."

기차가 정차하는 곳마다 이런 일이 반복되었다. 난징에서 1년간 '아카리'라는 이름으로 '위안부' 생활을 하다가 후베이 성 이창宜昌에서 2년, 창사長沙에서 4년, 모두 7년 간 일본군 '위안부'로 살았다.

"꽃이 피어오르는 걸 끊어낸 거지."

"난징에서는 일본 군인들이 트럭을 태워 줬어. 일본 군인들 따라 이곳저곳으로 다니는 거지."

"우린 검사 안 받아. 의사도 없었고. 그냥 일본 사람이 와서 뭔지 모르지만, 한 달에 두 번 주사를 놓는 거야."

전쟁을 치르는 곳에서는 성병 검사를 받아본 적이 없다. 전쟁터지만 군의관도 없었다. 의료 면허도 없는 민간인이 와서 성병 치료 주사인 일명 '606호' 주사를 놔주고 갔다. 606호 주사는 살바르산이라는 강력한 성병 치료제다. 할머니들에게 처방도 없이 무조건 주사를 놓았고, 이것이 수은 치료와 함께 훗날 할머니들이 아이를 가질 수 없는 중요한 원인이 되었다. 할머니는 후에 매독에 감염된 사실을 알았고, 오랫동안 치료를 받고서야 나을 수 있었다.

전쟁이 끝나자 할머니는 창사에 있던 여러 여성들과 우한으로 갔다. 낯선 타지에서 도저히 혼자 살 수가 없어 우한에서 세 남자를 만나 살았다. 첫 번째 남편은 하도 때리기만 해 사이가 좋지 않았다. 두 번째 남편은 20년이나 나이가 많았지만, 같이 산 그때만큼 행복한 적이 없었다. 이때 양딸을 얻어 지금까지 같이 살고 있다. 처음에는 할머니가 낳은 친딸이라 했지만, 나중엔 데려다 키웠다고 고백했다.

한쪽 눈이 보이지 않는다. 첫 번째 남편에게 맞아서 그리되었다. 지금은 침침하게 보이는 한쪽 눈마저 백내장으로 고생하고 있다. 양쪽 다리에 파스를 붙이고 있어 물어보니, "다리가 저려. 이틀에 한 번은 파스를 붙여 줘야 돼. 그래야 덜 아파." 사위 말로는 한 달에 약값이 300위엔이나 든단다.

일본 육군과 해군 기지가 있던 우한 지역은 우창武昌과 한커우漢口로 나뉜다. 한커우의 적경리 지역만 하더라도 위안소 20곳에 200명이 넘는 일본군 '위안부' 여성들이 있었다. 그 중 10여 곳이 조선인 위안소였고, 나머지는 일본인 위안소였다. 그 외 지역에도 수많은 위안소가 있었다. 전쟁이 끝나고서

도 할머니들은 이곳을 벗어나지 못하고 계속해서 우창, 한커우 등지에서 살았다. 1992년 한중수교가 맺어진 이후 한국정신대연구소가 이곳에서 할머니 10여 명을 찾아냈다.

"오십이 넘어서부터 모여서 공부도 하고, 놀기도 했지. 근데 공작이 바쁘다 보니 점점 안 가게 됐지."

1970년대 북조선은 중국 재외동포들에게 해외공민증을 만들어 주었다. 할머니들에게 주체사상을 학습하고 지원해주는 등 남다른 신경을 써 주었다. 1971년 베이징 북조선대사관에서 발행된 할머니의 북조선 해외공민증에는 '김의경·여자·1918년 11월 14일·조선사람·경기도 경성시' 등이 기록되어 있다.

할머니는 창사에서 이곳으로 이주해 살았고, 다른 할머니들과 왕래는 그리 많지 않았다. 외출하는 날이 줄어들수록 조선말도 점차 잊어버렸다. 할머니가 혼자 움직일 수 있을 때에는 텔레비전에서 한국 노래가 나오면 노래도 따라 부르고 춤도 추었다. 할머니는 아리랑을 기억하지 못하지만 "도~라지 도라지 백~도~라지 심심산천에 백~도라지~" 도라지를 부르며 장구 치는 시늉을 하면서 어릴 때 놀던 기억을 되새긴다.

"오빠, 나, 여동생 모두 다섯이야. 오빠 이름은 김숙배기야."

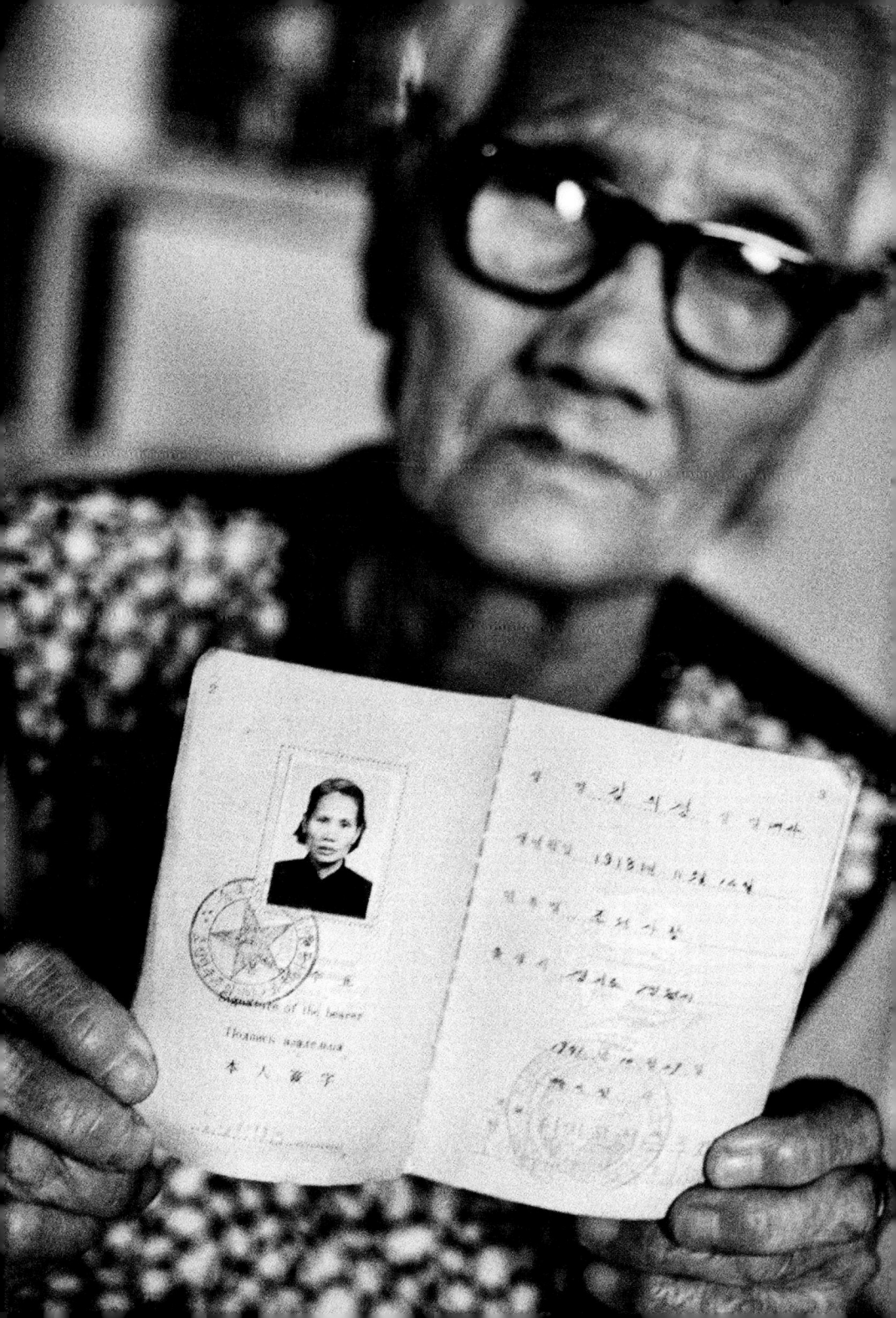

처음에는 알아듣기 힘들었지만 '김수백'임을 알 수 있었다.

"고향에 돌아가고 싶지. 어머니, 아버지도 보고 싶고, 동생들도 보고 싶지. 근데 인자 가서 뭐하갔어. 누구 하나 있어야 말이지."

고향에 있는 오빠가 살아 있으리라고는 기대하지 않는다. 또한 동생들도 기억나지 않아 돌아갈 꿈을 저버린 지 오래다.

우한에 사는 할머니 대부분은 국적이 북조선이다. 북조선에서는 1980년대 중반까지만 해도 할머니들을 지원하고 있었지만, 지금은 어떤 혜택도 주지 않고 있다. 내가 중국에 할머니를 찾아다닐 때만 해도 일본이든 중국이든 한국이든 북조선이든 아무도 할머니를 보호하고 있지 않았다. 또다시 할머니들은 버림받고 있었다.

할머니는 집안일을 조금씩 쉬지 않고 한다. 젊을 때 일하던 습관이 있어 아침부터 빨래하고 간단한 집안 청소도 직접 한다. 하루 일과 중 텔레비전 보는 것이 가장 중요한 일이다. 특히 노래가 나오는 프로그램을 즐겨 본다. 텔레비전에 수염을 기른 가수가 나오자 할머닌 자리에서 일어나 소리를 키운다. 가수의 가족 관계며 대학교수라는 직업까지, 중국에서 제일 잘나가는 가수라며 소개해준다. 여기에도 한류 열풍으로 채널마다 한국 드라마를 방송하지만, 할머니는 별로 좋아하지 않는다. 오히려 손녀 방 곳곳에 붙어 있는 화보에서 한류 열풍이 여기까지 미치는 것을 실감할 수 있다.

"작년에 군자가 남조선으로 가고 나서 연락이 없어. 잘 지내고 있을까."

할머니는 유일하게 만나던 하군자 할머니가 한국으로 떠난 후, 소식이 없어 매우 외로워하고 있었다. 명절 때가 되면 찾아오는 이도 없고, 더욱 쓸쓸하고 아프기만 하다.

"이제 아무도 오지 않아 몸이 아파."

이제는 많은 힐머니가 돌아가시고, 아프거나 늙어서 밖으로 나다니기가 어렵다. 보통 때는 밖에 나가 움직이지만, 지금은 허리가 많이 아파 서 있기조차 힘들다.

"약값이 이래저래 많이 들어. 아끼려고 약방 가서 감초 사다 끓여 마시지."

주로 감기에 걸렸을 때 마시는 약인데 많이 쓰다고 한다. 약을 드시고 나서 사탕 하나를 입에 문다.

"늙은이 사진을 이렇게 많이 찍어 어디에 써."

사진을 많이 찍어 그 중에서 좋은 사진을 골라 드린다고 했다.

"인제 그만 찍어, 혼이 나가. 혼이 나가면 몸이 아파. 조금만 찍어."

사진이 나오면 다음에 꼭 가져다 달라며 하는 말씀이다. 그러고는 또 언제 오겠냐며 한숨 섞인 아쉬움을 표현한다. 다음에 뵐 때까지 건강하게 사시라

고 인사드리고 집을 나왔다. 집을 나오는 순간에도 할머니는 손을 계속 흔들고 있었다.

　오후에는 배를 타고 우창으로 건너가 두지잉斗級營과 황허루黃鶴樓에 들렀다. 이곳에서 버스나 택시로는 먼 길을 돌아 다리를 건너야 하지만, 숙소 앞에서 배를 타고 건너면 바로 일제강점기 시절 해군기지가 있던 양쯔 강가가 나온다. 배에서 내려 10여 분을 걸어가면 두지잉 골목이다.

　이곳은 전쟁이 끝나고 1950년대 지어진 4, 5층짜리 건물이 골목길 양옆으로 들어서 있다. 강 부근에 해군 기지가 있었고, 골목 안으로는 위안소 터와 당시 할머니들이 다녔던 목욕탕이 남아 있다. 할머니들은 이곳 목욕탕에서 일주일에 한 번씩 목욕했다고 한다. 당시 이곳에서 일한 영감님을 찾을 수 없어 자세한 내용을 들을 수 없었다.

　가까이 있는 황허루에서 바라다 보이는 우한은 한창 개발 중이다. 상하이로 흘러가는 양쯔 강을 끼고 오래된 건물과 현대식 건물이 대비된다. 이곳 우한의 변화가 끝날 무렵이면 할머니들도 더 이상 만나기 어려울 것이다.

하루라도 고향을 잊어본 적이 없어.
잊지 않으려고 날마다 지도를 봐.

마당에……

대추나무가
하나 있었어.

박대임
(1912~2012)

푸징아이
중국 이름

"밤에는 잠을 안 재워. 그 짓을 안 하면 밥도 안 줘."

지린 성 투먼圖們에서 기차로 잉커우營口까지 그리고 다롄大連에서 배로 산
둥 성 옌타이煙臺 시까지 꼬박 이틀이 걸렸다. 이러한 길을 할머니들은 배로
기차로 트럭으로 몇 날 며칠 지나왔을 것이다. 영문도 모른 채 전쟁의 최전
선으로 내몰려야만 했던 할머니들. 루산 시에서 할머니가 사는 주왕諸往 진
까지는 대중교통이 변변치 않다. 할머니의 손자를 루산 시 버스터미널에서
만나 같이 들어가기로 했지만, 서로 길이 엇갈려 낯선 곳에 버려진 느낌이
다. 그 전에 할머니의 통역을 도와주던 북조선인 왕수진 씨에게 연락하고 그
의 사무실로 가 기다리기로 했다.

9시가 넘어서야 그의 손자 강씨가 왔다. 할머니의 얼굴은 뚜렷이 기억하
고 있지만, 잠깐 만났던 손자 얼굴까지는 기억하지 못한다. 인사를 나누는
몇 분 안에 그의 얼굴이 내 기억 속에 어렴풋이 살아난다. 승용차로 30분 정

도 주왕 진으로 가는 동안 서울에 다녀간 얘기와 작년에 한국 친척들이 자기 집에 다녀갔다는 얘기만 오갈 뿐, 시골 마을을 이리저리 지나 할머니집까지 가는 동안 우리는 침묵을 지켰다.

한적한 시골 마을에 있는 할머니집에 도착했다. 할머니는 여전히 건강한 모습으로 반겨주었다. 구부러진 등허리, 흰 머리카락 모든 것이 그대로다. 이미 아흔을 넘긴 나이에도 할머니는 혼자서 마을 이곳저곳 산책을 다닐 만큼 건강하다. 십노 예진 그대로다. 방안에 벽을 만들어 방 구조가 조금 달라졌을 뿐이다.

"진천에서 국민학교를 다녔어. 열여섯 살 땐가, 대전으로 갔지. 거기서 누에에서 실을 뽑는 일을 했지."

그리고 결혼해서 스물한 살에 아들을 낳았다.

"남편이 바람을 폈어. 화가 나서 이혼했지. 그리고 애기는 어머니에게 맡기고 돈을 벌었지."

얼마 되지 않지만 돈이 모아지자 할머니는 아들을 데리고 경성으로 올라왔다.

"한참 자고 있는데, 일본놈들이 들어오는 거야. 8개월 된 아들이 같이 있었는데, 같이 끌려 왔어. 경성이 첨인데 낸들 아나."

그렇게 해서 모인 여자들이 열 명이나 되었다.

"스물두 살에 일본개한테 끌려서 무단 강으로 해서 펑텐奉天으로 왔지."

"밤에는 잠도 안 재워. 그 짓을 안 하면 밥도 안 줘."

낮에는 피 묻은 군복을 빨아야 했고, 밤에는 일본 군인을 상대해야 했다. 여러 차례 거부했지만 돌아오는 것은 늘어나는 폭력뿐이었다. 더 깊이 물으면 물을수록 할머니는 기억을 떠올리기 싫다며 깊은 한숨으로 대답한다. 몇 번에 걸친 대화 속에 할머니는 '위안부' 생활을 2년에서 7년으로 기억해냈다. 그러나 여러 가지 정황과 당시 아들의 나이를 비추어볼 때 할머니는 7년 동안 '위안부'로 있었다.

전쟁이 끝나기도 전에 할머니가 '위안부' 생활에서 벗어날 수 있었던 건 일본군과 장제스군蔣介石軍이 싸우는 틈을 타 아들과 도망쳤기 때문이다. 다롄을 거쳐 배로 옌타이를 지나 지금 살고 있는 부근의 하이양海洋까지 갔다.

"그땐 중국말을 몰랐어. 조선말과 일본말밖에 할 줄 모르니까 장제스군한테 간첩으로 몰린 거지 뭐."

할머니는 아들과 함께 감옥에 들어가 심문과 고문을 받았다. 다행히도 마을 서기와 나중에 남편이 될 사람의 보증으로 한 달 만에 풀려 나왔다. 1957년 할머니는 중국 정부로부터 푸징아이朴敬愛라는 이름과 자신을 증명할 수 있는 '중화인민공화국 허가입적증서'를 받았다. 자신의 존재를 처음으로 증명받은 서류였기에 할머니는 내내 아주 소중히 간직하고 있었다.

할머니는 산둥에 온 후로 줄곧 우리말을 잊고 중국말을 써왔다. 그러나 할머니의 말은 표준어가 아니다. 산둥 말과 조선족이 중국어를 배우는 과정에서 생기는 사투리가 섞여 있어 소통하기가 여간 어려운 것이 아니다. 그저 할머니에게 간단한 안부만을 물을 뿐이다.

그동안 어떻게 지내셨는지 할머니에게 얘기해 달라고 하니, 내 발음이 엉망인지 못 알아듣겠다고 한다. 그동안 귀가 더 어두워졌단다. 또 '부칸不看, 부칸' 하며, 눈이 더 어두워져 앞이 잘 안 보인다고 한다. 그래도 할머니는 내가 알아듣지 못하는 걸 아는지 모르는지 무언가를 계속 얘기한다. 가끔 알 만한 단어나 조선말이 나오면 알아듣기는 하지만, 나머지는 알아듣기가 여간 어렵지 않다.

점심 무렵에 손자가 다니는 공장에서 통역 일을 하는 조선족 최창화 씨가 왔다. 변형된 중국 사투리를 쓰는 할머니의 말을 손자며느리가 알아듣고는 보통화로 바꿔 얘기하면, 최창화 씨가 이를 통역해준다. 이중 통역을 거쳐야 할머니 얘기를 들을 수 있었지만, 조금이라도 대화할 수 있어 기뻤다.

"할머니, 여기까지는 뭘 타고 오셨어요?"

할머니한테서 돌아오는 대답은 "청주, 대전, 부산……."

한국 지명만 나열한다. 그냥 자신이 아는 얘기만 계속할 뿐이다.

방 한 귀퉁이에서 한국 신문 한보따리를 가져오더니 펼치면서, 크게 쓰인 기사 제목을 한 글자씩 읽는다. 가끔 발음이 틀리긴 하지만, 간단한 단어를 잊지 않고 있었다. 나에게 과일 이름, 지명, "안녕하세요, 감사합니다." 간단한 말을 하며 이 말이 맞느냐며 묻는다. 어느새 할머니는 고향에 다녀온 얘기를 하기 시작한다.

"하루라도 고향을 잊어본 적이 없어. 잊지 않으려고 날마다 지도를 봐."

백내장으로 침침한 눈을 부비며 고향 진천을 정확히 짚어낸다.

"마당에 대추나무가 하나 있었어."

아버지와 동생 이름을 정확하게 기억하고 있다. 이를 바탕으로 2001년 한국의 호적을 찾아, 진천에 살고 있는 남동생을 찾을 수 있었다. 그 다음해 8월 한국에서 남동생이 오고, 할머니는 아들, 손자와 함께 고향 진천을 방문했다. 남동생을 만나고, 부모님 산소에 성묘하는 것이 기쁘기 그지없었다. 그러나 가족들과 말이 통하지 않고, 먹는 음식이 입에 맞지 않아 고생이었다. 유명하다는 중국요릿집 여러 곳을 다녀 보았지만, 할머니 입맛에 맞지 않아 끼니를 제대로 잇지 못했다. 결국 1주일 일정으로 고향을 찾았지만, 사

흘 만에 중국으로 돌아갔다.

시간이 지날수록 할머니는 나를 손자처럼 대해 주었다. 이제는 할머니가 내게 가족이 어떻게 되는지, 결혼은 했는지, 조선 어디에 사는지 묻는다. 짧은 중국어 실력으로 설명 가능한 말만 하고 나머지는 손짓발짓으로 설명하니, 조금씩 의사소통이 되기 시작한다.

이렇게 또 한참을 얘기 나누다가, 할머니는 은근슬쩍 밖으로 나간다. 화장실에 가는 줄만 알았는데, 알고 보니 마을 산책에 나선 모양이다. 나는 손자며느리와 함께 이리저리 마을을 돌며 할머니를 찾았다. 시골이지만 길이 직선으로 크게 뻗어 있고, 사이사이에 작은 골목이 있다. 그 사이로 할머니의 모습을 찾을 수 있었다.

할머니와 손자며느리 그리고 나 셋이서 마을 산책에 나섰다. 할머니는 이곳에 터를 잡으면서 아들과 농사지으며 살았다. 아들은 자라서 중국인 여자를 만나 결혼하고 손자까지 두었다. 자신의 과거가 없다면 남부러울 것이 없는 삶이었다. 할머니 아들은 예순여섯에 주왕 진 마을 촌장을 맡고 있다. 내가 만난 손자도 규모가 있는 주물공장에서 부사장으로 일하고 있다.

할머니 연세가 많다 보니 이곳에서는 최고령에 속한다. 오가는 마을 사람마다 할머니의 건강을 묻는다. 그리고 앉았다 쉬어가라며 앉은뱅이 의자를 내놓는다. 사진 찍는 것이 신기한지 이웃 사람들이 우리 주변으로 하나둘 씩 모여 든다. 산책을 좋아하는 할머니지만, 조금만 걸어도 다리가 아프고, 특히 허리가 많이 아프다. 항상 허리를 만지며 쉬어 간다.

집으로 돌아오자마자 할머니는 앵두와 달걀 두 알이 든 비닐봉지를 가지고 온다. 언제 넣어 두었을지도 모르는 봉투에서 달걀을 꺼내며 먹으라고 권한다. 배가 부른 탓에 여러 차례 거절했지만, 결국 할머니의 권유에 못 이겨 껍질을 까서 먹었다. 한입 깨물어 먹으니 맛이 괜찮다. 할머니는 이것저것 먹으라고 계속 권한다. 많은 것을 챙겨주지 못해 마음이 편치 않은 모양이다.

오늘 내가 서울로 돌아가는 것을 아시는지 못내 아쉬움이 할머니의 얼굴에서 드러난다. 이제 한국으로 돌아가는 비행기 시간에 맞추어 차로 한 시간 반 정도 떨어진 옌타이 공항으로 나갈 시간이다. 2년 전, 할머니한테 같이 고향 가자고 했더니, 옷을 갈아입고 손가방을 챙겨 나와 먼저 대문을 나서던 모습이 기억난다. 이제는 같이 가자고 해도 그냥 웃으시기만 할 뿐이다. 차가 들어오는 큰길까지 나와 할머니는 이것저것 먹을 것을 챙겨주며 잘 가라며 배웅한다. 자동차 바퀴가 지나며 날리는 뿌연 흙먼지 속으로 할머니 모습이 아련히 남는다.

여기서는 화장합네다.
죽으면 고냥 불에다 태웁니다.
보기만 해도 끔찍합네다.

조선에야
땅에다 묻으니

얼마나 좋습니까.

현병숙
(1917~2008)

호시야마 시즈코
당시 일본 이름

"혼은 조선에 가 있어요. 꿈을 꿔도 조선 꿈이지."

상하이는 높은 습도 때문에 항상 축축하다. 간간히 불어오는 바람만이 시원한 6월을 느끼게 해준다. 현병숙 할머니와 박우득 할머니를 만나기 위해 상하이로 향했다. 이곳에 오면 항상 교민이자 〈상하이 좋은 아침〉 발행자인 김구정 씨의 도움을 받는다. 이번에도 통역과 상하이 길 안내를 해줄 유학생을 구해주고, 우한에서 도와줄 통역도 구해주는 등 많이 애써주었다. 그동안 현병숙 할머니는 다른 곳으로 이사해 연락이 제대로 닿지 않았는데, 전에 할머니집에 세 들어 살던 중국인의 도움으로 할머니를 만날 수 있었다.

고층건물이 즐비한 시내와는 다르게 아직 개발되지 않은 상하이의 변두리는 그야말로 회색도시다. 20여 세대가 모여 살고 있는 5층짜리 건물을 찾았다. 어두운 계단을 따라 2층으로 올라가니 중년 남자와 할머니가 있다. 예전 기억 속의 할머니에 비해 더 왜소한 몸을 하고 있다. 처음에는 방이 어두운

데다 너무 왜소해서 한눈에 알아보지 못했다. 밝은 창가 가까이 다가가서야 기억 속의 할머니 얼굴 생김생김이 되살아난다.

"내 열여섯 살 때 박천 시내로 여자를 사러 온 남자에게 팔려 왔수다."

할머니는 모집원에게 중국 전쟁터로 가면 돈을 많이 번다는 말을 들었다.

"대여섯 명 비슷한 또래하고 신의주로 해서 중국으로 넘어 왔수다."

"3000원 받았수다(*실제로는 300원으로 추정한다. 할머니가 착각한 듯). 3년이라 하더만요. 근데 3년이 10년이 됐수다."

할머니는 3년 기한으로 300원을 미리 받았고, 살림이 어려운 고향 가족들에게 넘겨 주었다. 그러나 그 3년의 기한이 결국에는 10년이 되었다.

다른 여성들과 처음 간 곳은 랴오닝遼寧 성 진주錦州였다.

"여자들이 많더만요. 보통 여성들이 아니었수다. 색색의 옷가지 하며, 짙은 화장을 하고 있더만요."

도착하는 순간 할머니는 직감으로 속아서 왔다는 것을 알았다. 도저히 어떻게 할 수 없는 상황에서 할머니는 자신의 삶을 포기할 수밖에 없었다.

"내 이름은 '호시야마 시즈코' 였수다. 거기 조선인 여덟 명이 있었지요."

"하루에 보통 일본 군인 여덟 명과 자야 하지만, 전쟁을 마치고 돌아오는 군대가 있으면 쉴 틈이 없었수다."

"탕탕, 총소리가 들리는 전쟁터 가까이 있을 때는 시뻘건 군복을 빨았수다."

"전쟁터마다 돌아댕길 때는 일본 군인이 트럭을 태워줍디다."

그 이후 할머니는 안휘이安徽 성 빵뿌蚌埠, 장시江西 성 지우장九江을 거쳐 안휘이 성 안칭安慶까지 왔다. 지우장에 있는 '상하이관'에서는 히로시마가 고향인 이나바 장교 사이에 아이가 생겼다. 이나바 장교의 지위는 정확히 알 수 없지만, 그의 군복 어깨에는 금줄 3개, 별 2개가 있었다. 이후 전쟁이 끝날 무렵 장교의 딸을 낳았지만, 얼마 못 가서 죽고 말았다. 이나바 장교는 자기 고향에 돌아가 같이 살자고 했지만, 일본인과 결혼할 수 없다며 할머니는 상하이에 그대로 남았다.

이 시절 이나바 장교를 만난다는 이유로 할머니는 일본군 헌병대에 끌려가 고문을 당했다.

"식탁에 세워놓더니, 몽둥이로 허리를 냅다 내려칩디다. 고냥 주저앉았지요."

이나바 장교가 할머니를 빼내주긴 했지만, 부은 허리로 한동안 거동하지 못했다. 할머니가 윗옷을 올리니 보기에도 섬뜩한 상처가 드러난다. 그 후유증이 그대로 남아 있음을 알 수 있다.

"아직도 온몸이 아프고, 허리엔 고약을 붙이고 있습네다."

허리에 압박벨트를 계속하고 있다. 보통 때 같으면 누워서 쉬고 있겠지만, 서울에서 내가 왔다고 오전 내내 눕지도 못하고 있다가 나중엔 침대 한 켠에 기댄다. 침대라고 할 것도 없다. 소파에 긴 널빤지를 하나 괴고 그 위에 두꺼운 이불을 깐 정도다.

2년 전 할머니를 만났을 때는 시내의 낡은 아파트 1층에 살고 있었다. 방 세 칸짜리 집이지만, 혼자 살기에 너무 넓어 할머니는 이 집을 2000위엔에 세를 놓고, 지금은 700위엔 정도 세를 내는 단칸방 집으로 옮겼다. 그 외에는 별다른 수입이 없어, 차액 1300위엔으로 살고 있다. 원래 큰딸과 사위는 선양瀋陽에 살고 있지만, 점점 할머니 혼자 지내는 것이 힘들어 사위가 선양에서 상하이까지 내려와 할머니를 보살피고 있다.

지금 세들어 사는 집은 2층에 있다. 아픈 다리를 끌고 아래층으로 내려가기 힘들어 바깥출입을 삼가고 있다. 그래서 경제적으로 어렵더라도 두 달 뒤에는 먼저 살던 집으로 다시 들어갈 예정이다.

할머니가 물이라도 마시라며 건네준다. 물을 건네주기 위해 몇 발짝을 움직이는 순간에도 할머니는 숨이 차 힘들어한다.

"어젠 병원 가서 피를 뽑아수다. 조금만 움직여도 숨이 차고 신물이 넘어와 이젠 어쩔 수 없는가 봅네다."

한눈에 봐도 얼굴에 혈색이 없고, 기운이 없다. 잠을 청하기 위해 따뜻한 우유를 자주 마셨는데, 무엇이 탈이었는지 며칠 전에는 먹은 것을 토하고 난리가 아니었다. 지금은 병원 약을 먹고 있어 속이 안정된 상태다. 더구나 할머니는 오래전부터 백내장을 앓고 있다. 지금은 수술 한 번으로 쉽게 치료할 수 있는 병이지만, 할머니한테는 경제적으로나, 건강상태로나 여러 가지 무리가 따른다. 눈이 침침해질 때마다 안약을 수시로 넣어 주어야 한다.

점심때가 되어 할머니한테 같이 식사하러 나가자고 권하니, 일 없다며 사양한다. 오히려 할머니는 점심 먹고 가라며, 부엌에서 달걀 대여섯 개를 들고 나온다. 커다란 프라이팬에 기름을 듬뿍 붓더니 달걀 프라이를 만든다. 한두 개면 족하지만, 할머니는 마땅히 줄 반찬이 없다며 순식간에 만들어 낸다. 아침을 늦게 먹었다며 우리한테만 밥을 먹으라며 밥상을 차려주었다.

2년 전에는 냉면을 먹고 싶어 해서 같이 한인식당을 찾았다. 맛있게 드시는 모습이 아직 눈앞에 선하다. 그때 미역이 먹고 싶다고 해서 선물로 김과 미역, 냉면을 사갔지만, 그냥 오는 것도 고맙다며 무겁게 서울에서 사오지 말라고 한다.

할머니 국적은 북조선으로, 고향이 평안북도 박천군이다. 1970년대까지만 해도 북조선의 도움을 받아 살고 있었지만, 지금은 어느 나라의 도움도 받지

못하고 있다. 할머니는 아직도 다른 전쟁때문에 고향에 가지 못하는 줄로 알고 있다.

"이제라도 꼭 한번 고향에 가고 싶습네다."

되풀이해서 고향을 그리워한다고 얘기한다. 이제는 북조선으로 가는 길이 열려 비교적 자유로이 다녀올 수 있다고 했더니 너무 좋아한다. 더 늦기 전에 꼭 한번 가보고 싶어 한다.

"사람은 여기 있지만, 혼은 조선에 가 있어요. 꿈을 꿔도 조선 꿈이지."

할머니는 한시라도 고향을 그리워하는 마음을 놓아본 적이 없다. 비록 상하이에서 중국인 틈에 섞여 그들 문화 속에 살고 있지만, 할머니 마음은 고향 생각으로 가득하다.

"여기서는 화장합네다. 죽으면 고냥 불에다 태웁니다. 보기만 해도 끔찍합네다."

"조선에야 땅에다 묻으니 얼마나 좋습니까."

화장을 하면 어디론가 사라진다는 생각과 실체가 없으면 누군가의 기억에서 사라져간다는 것을 알고 있다. 그러나 할머니는 누군가가 자신을 기억해주길 바라고 있다.

"여긴 불교를 많이 믿습네다. 난 안 믿어요. 내래 남은 여생 그냥 맘 편히

살고, 아들 딸 가족들이 모두 잘되길 바랄 뿐입네다."

방안 한 귀퉁이에는 타다 남은 재가 한 그릇 수북이 쌓여 있다. 아침저녁으로 향을 피우며 할머니는 모든 일이 잘되기를 소망한다. 무엇보다도 아들을 걱정하는 마음이 가장 크다. 이혼하고 딸(손녀)의 양육비를 내기 때문에 항상 돈이 부족하다고 한다.

할머니와 헤어질 무렵 아들이 택시운전 일을 마치고 돌아왔다. 아들은 할머니의 과거가 다른 사람에게 알려지는 것을 좋아하지 않는다. 이렇게 조사하고 사진을 찍어 가는데도 할머니에게 도움이 되지 않는 것이 또 다시 할머니에게 상처가 된다고 생각한다.

할머니와 언제가 될지 모르는 만남을 약속한다. 헤어질 때마다 우는 할머니를 뒤로 하니 발길이 떨어지지 않는다. 여유가 된다면 또다시 중국을 방문해 만나고 싶지만, 시간이 지날수록 지킬 수 없는 약속이 되어간다. 할머니는 한 걸음 한 걸음 무거운 발길로 문밖 계단까지 나와 시야에서 내가 사라질 때까지 눈물로 배웅한다.

이젠 고향에 가고 싶다는
생각도 많이 해요.
내 고향은 남쪽이지만,
지금 국적이 북조선으로 되어 있어요.

어떻게 방법이 있는지…….

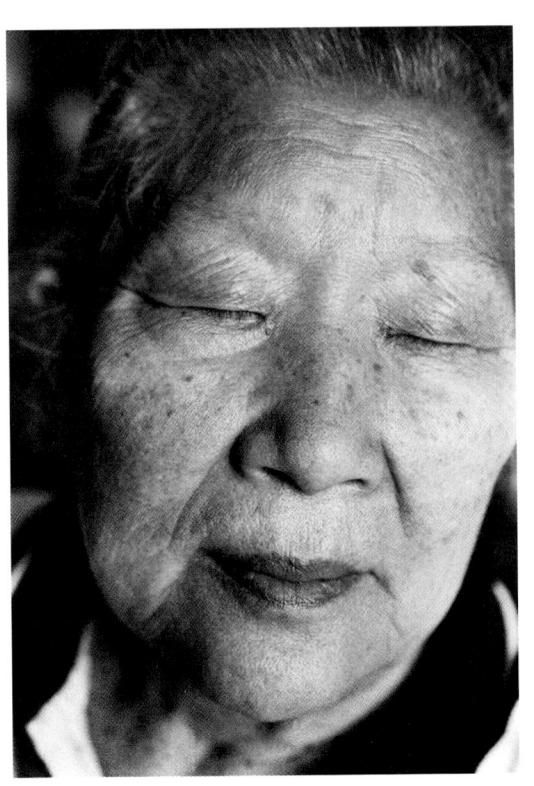

박우득

(1919~2007)

표요타

당시 러시아 이름

"갈 수만 있다면 고향에 가고 싶어요."

개발이라는 명목 아래 상하이 중심부는 4, 50층 고층 건물이 숲을 이루며 발전하고 있다. 현병숙 할머니가 사는 곳에서 차로 30분 거리인 상하이 중심가 우장루吳江路에 박우득 할머니가 살고 있다. 집 가까이 오면 올수록 옛 건물들이 사라지지만, 다행히 러시아계 사람이 지어 놓은 고풍스러운 할머니 집은 그대로 남아 있다.

3층 건물에는 여러 세대가 살고 있고, 각 방마다 벨이 따로 달려 있다. 벨을 여러 번 누른 뒤에야 굳게 닫힌 철문 사이로 할머니 딸이 내려 왔다. 가파른 목조계단을 따라 3층으로 올라가니 널찍한 단칸방 안에 할머니가 계신다. 눈에 띄는 가구라고는 커다란 침대 두 개, 장롱, 텔레비전이 전부다.

2년 전 할머니는 무슨 얘기를 하든 항상 무표정으로 일관했다. 그러나 나를 마중하는 할머니의 모습에서 환한 미소가 보인다. 오래전부터 앓아온 무

룔 관절염으로 절름거리는 데다가 몸 한쪽을 제대로 쓰지 못하고 있다. 다리가 불편한 할머니는 인생의 대부분을 이곳에 갇혀 지냈다. 최근에는 안면 근육 경련이 심해 급하게 병원 갈 때가 있었는데 건물 관리하는 영감님이 할머니를 3층부터 업고 내려가 주어 겨우 응급치료를 받을 수 있었다. 한동안 몸 상태가 심각해져서 두 번이나 입원해 치료받았지만 지금은 건강이 많이 좋아졌다.

"우리집은 남의 배 타면서 바다에서 고기를 잡았어요. 집이 어려웠어요."

"어떤 여자가 오더니, 처음엔 상하이로 가자고 했어요. 중국 가면 돈을 많이 벌 수 있다고……."

이렇게 해서 할머니는 1935년 열여섯 살에 중국으로 왔다.

"부산에 열 명 정도가 모여서 단둥丹東까지 왔어요. 거기서 배를 타고 칭다오靑島로 갔어요."

당시 칭다오에는 일본군뿐만 아니라 미국군, 영국군도 주둔했다.

"조선 여자 한 스무 명이 먼저 일하고 있었어요. 일본 군인 말고도 미국 군인도 받았어요."

"조선에서 가지고 온 치마저고리를 못 입게 했어요. 주인이 주는 옷을 입었어요. 기모노에 오비(*기모노 위에 덧대는 장식)를 하고 버선에 게다를 신고

있었어요."

할머니는 일본 이름도 있었지만, 지금은 기억하지 못한다. 상하이에 와서는 러시아계 주인이 지어준 '표요타' 라고 불리었다.

"거기서 돈을 만져본 적은 없어요. 주인이 돈을 받았어요."

"일주일에 한 번 일본 사람이 있는 병원에서 검사했어요. 난 병에 안 걸렸어요."

"군인들이 들어올 때에는 삿쿠(*지금의 콘돔)를 가지고 와요. 자기들도 병에 걸려 죽을까 봐 겁나거든요."

외출이나 휴가를 나가는 일본군들은 삿쿠를 '돌격 1호'라 불렀다. 실제로 일본군은 점령지 여성들을 무차별로 강간해 성병을 앓았고, 전력을 상실했다. 이를 예방하고 현지 민심을 잃지 않기 위해 일본 정부는 '위안부' 제도를 만들었다. 그러나 '위안부' 피해 여성들이 성병에 걸려 죽는 경우도 있었다.

"군인하고 자는 게 싫어서 여러 번 도망쳤어요. 어디가 어딘지 알 수가 있나, 바로 잡혀 와서 매를 맞았어요. 자꾸 도망치니까 주인도 힘든지 열 달도 안 되어 날 상하이에 팔았어요."

칭다오 위안소 주인은 할머니를 상하이에 있는 러시아 여성이 운영하는 마사지 숍에 팔았다.

"러시아 주인이 3년이라고 그래요. 지나면 자유라고 했어요."

처음 상하이에 와서는 할머니는 무엇인지도 모르는 약을 배달하는 일을 했다.

"나중에 아편이라는 것을 알게 됐어요. 이젠 일을 안 하겠다고 했어요. 그랬더니 대뜸 군인을 받으라는 거예요."

"해방이 되고서 조선으로 돌아가는 배가 있었어요."

1945년 전쟁이 끝나면서 상하이에서 난민배가 다섯 차례 조선으로 향했다. 한 번에 700~800여 명이 탈 수 있는 큰 배였다. 할머니도 이 배를 타고 조선으로 돌아갈 기회가 있었다.

"러시아 주인이 계속 잡는 거예요. 내가 밥도 하고, 빨래도 하고, 이것저것 주인이 시키는 일을 잘했거든요. 돌아가면 뭐 하겠냐며 붙잡는 거예요."

그 중 한 척이 같이 일하던 조선 여자를 태우고 돌아가던 도중 침몰하여 모두 바다에 빠져 죽었다. 할머니도 그 배를 타고 돌아갔다면 침몰하는 배와 함께 죽었을 거라고, 그러면서 이곳에 남은 것이 운이 좋다고 생각하고 있었다.

전쟁이 끝나고 이곳 외국인을 대상으로 하는 구락부(*클럽)가 들어왔다. 할머니는 그곳에서 계속 마사지 일을 했다. 그 구락부가 없어진 이후에도

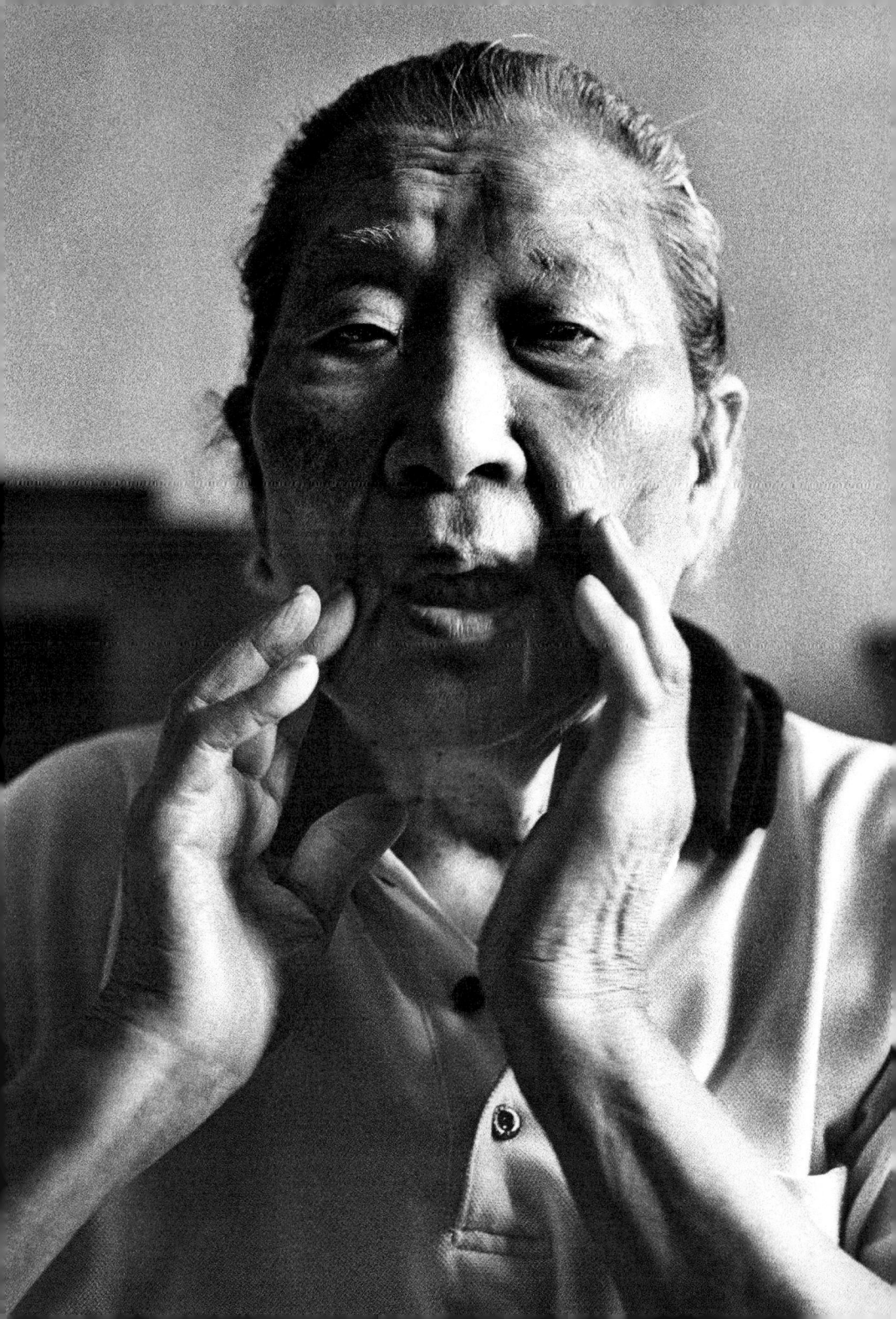

할머니는 삶의 터전을 찾지 못하고, 건물의 소유주인 상하이 시와 싸워가면서 지금의 방을 얻어 살고 있다.

지금은 자신이 낳은 딸과 손자가 같이 살고 있다. 딸은 젊었는데도 하루 종일 집에만 있다. 한눈에 보아도 부은 몸에 핏기가 없어 보인다. 신장이 좋지 않아 힘든 일을 계속할 수 없어 그냥 집에서 쉬고 있다.

생계의 대부분은 '마을 구제회'에서 생활이 어려운 사람에게 주는 350위엔으로 해결하고 있다. 2003년 이전까지만 해도 한국교민회에서 주는 생활보조금 500위엔도 도움이 되었다. 지금은 '서울치과여의사회'에서 보내오는 300위엔 해서 모두 650위엔으로 세 가족의 생계를 꾸리고 있다.

"이 집은 나라 거예요. 어렵게 싸워가면서 이 집에 살고 있는데, 집세를 70위엔 정도 내요."

주변 집값에 비하면 10분의 1도 되지 않는 수준이다. 그러나 도시 개발이 진행되면서 길을 넓히고 새 건물을 짓게 되어 다른 곳으로 이주해야 한다.

"내년이면 집을 비워줘야 하는데, 걱정이 많아요."

상하이 시가 마련해 주는 집은 시내에서 많이 벗어난 변두리다.

"우린 3대가 살기 때문에 방이 3개가 나와요. 여기랑 멀어서 손자 학교가 문제예요. 인제 병원에 자주 왔다 갔다 해야 하는데, 급하게 병원에 갈 일도 걱정이고."

방 칸수가 적더라도 시내 부근에 살았으면 하는 것이 할머니 가족의 소망이다.

"이젠 고향에 가고 싶다는 생각도 많이 해요. 내 고향은 남쪽이지만, 지금 국적이 북조선으로 되어 있어요. 어떻게 방법이 있는지……"

나는 고향에 가족이 없으면, 돌아가기 힘들다는 도움이 되지 않는 대답만 할 뿐이다.

"고향에 가족이 없겠지요. 부모님도 다 돌아가셨을 거고. 갈 수만 있다면 고향에서 살고 싶어요."

고향에 돌아가 마지막 길을 가는 것이 소원이라며 눈시울을 적시기 시작한다.

"한두 채씩 집이 떨어져 있었어요. 문밖출입도 거의 안하고 살았어요."

어린 시절 면에서 열리는 장날 가는 일이 유일한 외출이었다.

"농사지으며 살았어요. 조그만 논이어서 일이 많지는 않았어요. 큰오빠는 고기 잡다 그곳에 빠져 죽었어요."

"친엄마는 동생을 낳다가 돌아가셨고, 서모가 들어와 지냈어요."

할머니는 자신을 구박하는 서모가 싫었고, 급기야 집을 나왔다고 한다. 하

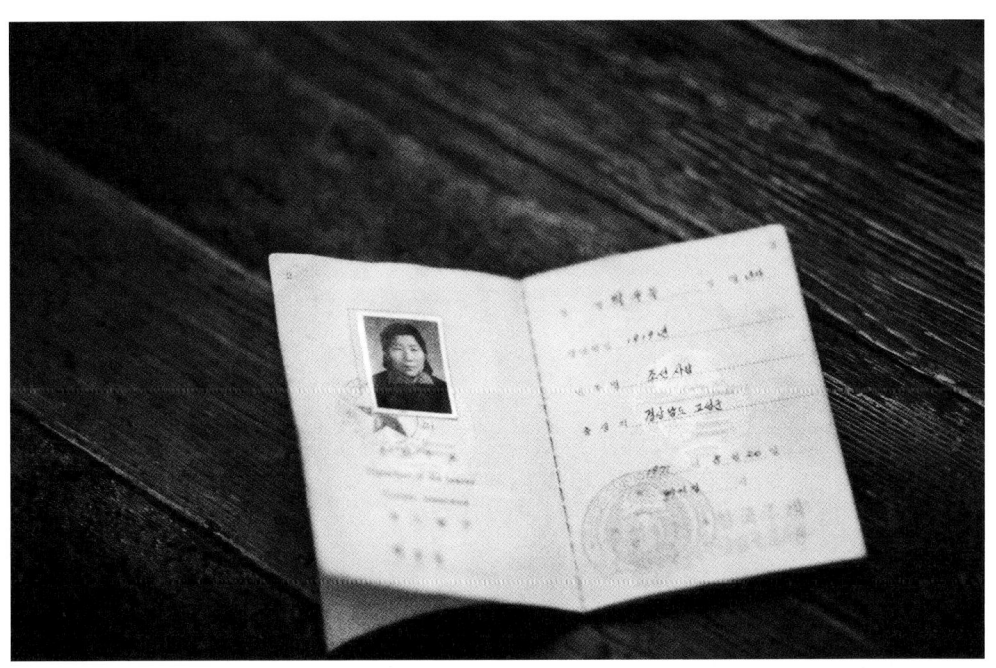

루 사이에 할머니와 오가는 대화에서 그 깊이와 시간이 눈에 띄게 늘었다.

할머니가 하루 종일 지내는 공간은 10평 정도 되는 단칸방. 창밖으로 보이는 풍경이 전부다. 대부분을 딸과 함께 지내지만, 일상적인 말도 아끼는 듯 둘이서 오가는 대화가 거의 없다. 할머니의 주요 일과는 하루 종일 텔레비전을 보는 것. 가끔 한국 드라마가 나올 때면 그 내용에 푹 빠진다. 중국어로 더빙된, 한국 배우 김희선이 나오는 드라마를 보며(나도 제목이 무엇인지 모른다) 그 내용을 일일이 내게 설명해준다.

낡은 3층 창밖으로 보이는 바깥 풍경은 삭막하기만 하다. 거리를 달리는 자전거와 사람들 소리 그리고 높은 빌딩을 짓는 크레인 소음과 먼지만이 창틀 사이로 들어온다. 젊은 시절부터 할머니가 세상과 접하는 유일한 창구지만 이제는 그마저두 내다보는 시간이 줄어들고 있다. 세월의 흐름 탓에 반투명해진 창으로 높게 솟은 건물에서 반사된 햇살이 할머니를 비추고 있다. 할머니는 평생 웃음을 잃어버린 채 살았다. 2년 전만 해도 사진 찍을 때는 웃어보라고 해도, 그저 억지웃음만 내놓을 뿐 별다르지 않았다. 그러나 지금은 할머니가 그동안 겪은 외로움에서 벗어나기 위해서인지 얘기를 계속 나누는 중에도 간간히 웃음이 이어진다.

잊으려야
잊을 수

없지,

어떻게 잊어.
그 앞을 지날 때면 천불이 나.

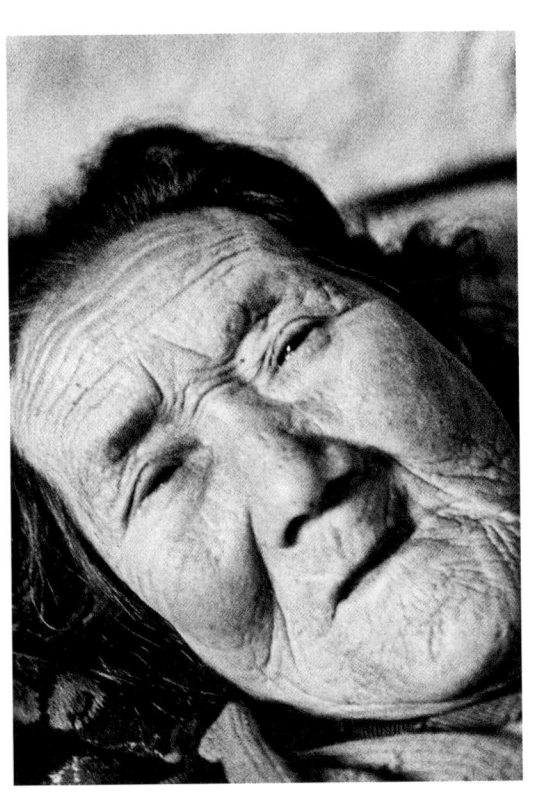

박서운
(1915~2011)

사시키
당시 일본 이름

"나이가 원수라……. 인자 여기가 고향이여."

이른 아침 헤이룽장 성 둥닝 현을 출발해 지린 성 춘화春化 진으로 가는 길은 비포장인데다 겨울 내 얼음이 녹아 온통 진흙투성이다. 버스가 속력을 낼 수 없어 5시간을 넘겨서야 겨우 도착했다. 산길을 헤치고 나타난 춘화 진은 평야처럼 고요하기만 하다. 70년 전만 해도 길을 가운데 두고 북쪽으로는 관동군 부대가 있었고, 그 반대편에는 위안소 같은 부대시설이 빽빽이 들어서 있던 곳이다.

버스에서 내려 할머니가 사는 골목길로 들어섰다. 나무판자로 이어진 담장 끝을 따라 한 지붕에 여러 집이 살고 있다. 그 방 중 하나가 할머니가 사는 곳이다. 아직 쌀쌀한 날씨지만 방문이 열려 있다.

"할머니 계세요? 서울에서 왔어요."

아무런 대답이 없다. 어둠 속 할머니는 2년 전과 다르게 일어나지 못하고

누워만 있다. 언뜻 보아도 중병이 걸렸음을 짐작케 한다. 할머니는 며칠 병마와 싸운 탓에 산발한 머리에, 남루한 옷차림이다. 이미 오래된 병환으로 그저 고통만 남은 채 힘겹게 살고 있다는 것을 한눈에 알 수 있었다.

"먹는 입 하나 덜 요량으로 시집갔지."

할머니는 열아홉 살에 집안의 가난을 덜기 위해 시집갔다. 남편 얼굴도 모른 채 부산에서 가까운 시골로 간 것이다. 도시에서 자란 할머니에게는 목화, 길쌈 등 농사일이 버거웠다. 시어머니한테 구박받다가 1년 만에 쫓겨났다. 친정에는 들어가지 못하고 식당에서 일했다.

"그저 공장일이나 허드렛일만 하면 되는 줄 알았지."

"먹고살 일이 걱정이라 돈을 벌 요량으로 스무 살에 만주로 왔지."

할머니는 어렵게 사는 가족들을 외면할 수 없어, 모집원에게 선금 300원을 받아 가족에게 주고 만주로 왔다.

"어머니는 가지 말라고 말렸지."

"아는 사람들도 같이 왔어. 부산에서 여자 스무 명이 같이 왔어."

"부산서 여기까지 기차를 타고 왔어. 며칠 걸렸는지 몰라."

당시 가족들과 연락하기 위해 집주소를 이불 속 깊숙이 넣어 왔지만, 혼란한 틈에 잊어버려 연락도 주고받지 못했다.

"훈춘에 오고, 춘화 위안소에 도착하고서야 공장이 아니라는 걸 알았지. 멋도 모르고 위안부로 팔려왔다는 것을 알았지."

"내가 있던 위안소는 '다이잉'이야. 그때 내 이름이 '사시키'였어."

"잊으려야 잊을 수 없지, 어떻게 잊어. 그 앞을 지날 때면 천불이 나."

이미 위안소 건물은 없어져 다른 집이 들어섰지만, 할머니집과 불과 5분 거리다. 할머니는 마을을 벗어나기 위해 번번이 그 앞을 지나쳐야만 했다.

"일주일에 한 번 일본 군대로 가서 목욕도 하고 일본 군의관에게 병이 있는지 검사를 받아."

"얼마 안 가서 속병이 걸린 거야."

'위안부' 생활 3개월 만에 성병에 걸렸다.

"아픈데도 군인을 받았어. 주말에는 군인들이 들이닥치니까 다섯 명을 상대해야만 했어."

병세가 악화되어 더 이상 군인을 받지 못하도록 주인은 조치했다.

"주인이 쓸모가 없다고 방에 불도 안 때줬어. 밥도 안 주고."

주인은 할머니가 돈을 벌지 못한다는 이유로 검사와 치료를 중단했다. 할머니는 추위와 배고픔 속에서 타향살이의 고통이 더 심해졌다. 마을 이곳저곳을 다니며, 간신히 밥을 얻어먹었다.

"그때 고생한 탓인지 지금도 계속 아파."

이후 한족 남자와 조선족 남자 세 명과 살고 헤어지고를 반복했다.

"지금 생각하면 몸을 너무 많이 굴렸어. 창피한 일이지."

그들 사이에 아이는 없었다. '위안부' 생활에서 몸이 상해서 임신할 수 없었다. 같이 살던 한족 영감에게 딸이 있었다. 큰딸은 이미 시집갔고, 어린 둘째딸은 3년 동안 같이 살다가 시집갔지만, 서로 정이 들기엔 시간이 부족했다. 지금은 산 넘어 동싱 마을에 살지만, 할머니를 거의 찾아오지 않는다. 그때 얻었던 속병이 지금도 계속 이어지고 있다.

내가 도착하기 닷새 전부터 할머니는 네 번이나 피를 토하며 기력을 거의 잃었다. 그동안 의사가 한번 다녀가면서 위출혈로 진단내렸다. 2년 전에도 치질이 심했지만, 할머니는 약값이 없어 약을 제대로 쓰지 못했다. 오히려 먹는 것을 줄여 배설하는 양을 조절했다. 이런 것이 화근이 되어 영양실조와 함께 소화기 계통에 무리가 온 것이다. 이번 일로 인해 할머니는 며칠째 죽조차도 삼키지 못하고 있다.

마을 아주머니 하나, 둘 지나가는 길에 할머니의 안부를 살피거나 들어와 한참을 앉아 할머니 건강을 걱정한다. 가장 가까이 사는 장백 여관과 자전거포 조선족 아주머니와 촌장, 부녀대장이 찾아와 할머니 상태를 살펴보고 간

다. 할머니의 병간호가 필요하다고 판단한 마을 사람들이 돈을 조금씩 걷어 청소와 밥을 해줄 처자를 구할 예정이다. 그러나 할머니에게 제대로 된 약을 쓸 만한 돈이 없어 서로 애만 태우고 있을 뿐이다. 할머니의 병세로 보아, 필요한 의료 혜택을 받기 위해서는 훈춘 시나 옌지 시로 나가야 한다.

급한 대로 낮에는 마을에서 개인 병원을 하는 젊은 의사가 왕진왔다. 할머니의 가냘픈 팔뚝에 검은 때가 가득 낀 검은 천을 감고 청진기를 그 사이에 꽂았다. 할머니의 혈압을 재기 시작했다. 혈압이 거의 나오지 않는 상황에서 치료는 거의 힘들다는 것이 의사의 소견이다. 영양실조가 병의 가장 큰 원인이다. 몸을 추스른 후에야 다른 치료를 할 수 있단다. 의사는 작은 병에 담긴 영양제와 약간 때가 묻어 있는 포도당 주사를 놓아주고 갔다.

이미 살은 말라비틀어진 지 오래되어 주름진 살 거죽만 남아 있다. 맥이 약한 탓에 혈관으로 주사 바늘과 주사액이 들어가면 많이 아픈 모양이다. 실제로 할머니 팔뚝 곳곳에는 주사 바늘로 생긴 검은 점들이 수두룩하다. 주사 자국이 자연스레 아물지 않고 멍으로 남았다. 그래도 할머니는 빨리 나아야 한다며 주사를 맞고 있다.

몸이 쇠약해 남들보다 더디게 떨어지게 해 놓은 링거 방울을 보며 할머니는 지루한 모양이다. 2년 전에도 치질을 앓고는 있었지만, 말아 피는 담배를

피우면서 애기꽃을 피우고, 웃음을 잃지 않던 분이었다. 쓰러지기 전까지는 마실 다니며 하루를 보냈지만 지금은 이 작은방이 할머니에게 전부가 되어 버렸다.

피를 많이 토한 탓에 얼굴에 창백함이 가득하다. 빈혈기가 심해 앉아 있는 것조차 힘들다. 할머니는 화장실을 가기 위해 아주머니들의 도움을 받아 몸을 일으켰다. 겨우 방을 빠져나와 지팡이에 몸을 의지해 보지만, 걸음걸음이 천근만근이다. 쓰러지는 몸을 아주머니들이 부축해 문턱을 겨우 넘었다. 화장실까지는 10여 미터지만, 문 앞을 좀 지나 그냥 그곳에 주저앉는다. 부축해도 더 이상 움직이기에는 어지러움이 큰 모양이다.

할머니가 손녀처럼 생각하는 옆집 홍란이가 외지에서 돌아왔다. 울면서 할머니에게 좁쌀죽을 떠먹인다 할머니는 오히려 홍란이에게 걱정하지 말라며 그저 안심을 시킬 뿐이다. 마을 사람들의 정성으로 할머니는 차도를 보인다. 몇 숟가락 못 뜨던 좁쌀죽도 오늘은 여러 숟가락 먹는다. 어제와 다르게 기운을 약간 차리는 듯하다. 죽을 들면서 "얼른 기운차려 일어나지."하며 적극적인 모습을 보였다.

저녁 무렵 홍란이 어머니가 와서 할머니가 옷 보따리 깊숙이 숨겨 놓은 통장을 찾았다. 누구보다도 할머니가 믿고 의지해 온 이웃이기에 할머니의 살

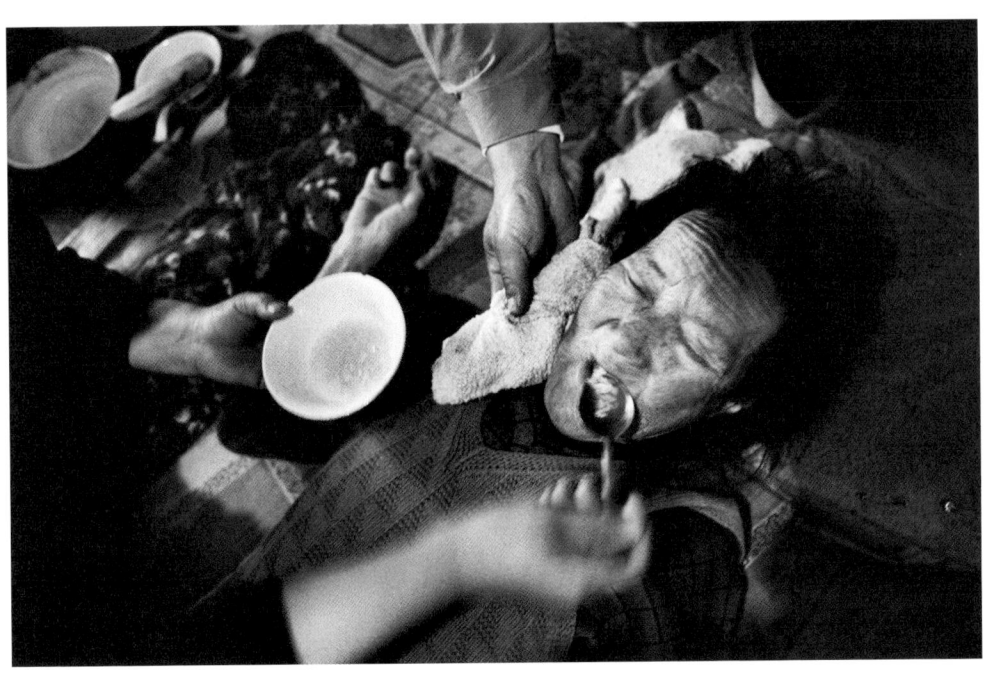

림을 속속들이 알고 있다. 통장에는 한국 '서울치과여의사회'에서 매달 300
위엔씩 모아서 몇 달에 한 번씩 전달되는 목돈이 저축되어 있었다. 그 돈은
100~200위엔씩 출금되어 통장 잔고는 100위엔이 전부다. 홍란이 어머니
말로는 아플 때마다 병원비로 사용했다고 한다. 할머니는 크게 아파도 목돈
이 드는 큰 병원에 가지 못하고 있다.

할머니를 도울 방법을 찾기 위해 한국정신대연구소 고혜정 소장에게 전화
로 할머니의 상황을 알렸다. 당장 급한 대로 병원비로 사용할 돈을 드리기로
했다. 앞으로 지낼 최소한의 여비를 남기고 할머니에게 2000위엔을 드렸다.

할머니는 연신 "난 모르오." 하며 미안해한다. 아프기 때문에 돈이 필요하
면서도 어쩔 줄 몰라 하는 눈치다. 돈을 전달했다는 것을 증명하기 위해 할
머니는 엄관빈 선생의 도움을 받아 서툰 글씨로 '박서운' 이라고 썼다. 조선
족 마을에 살아서 조선말을 하지만, 한글을 접해본 지 오래인 터라 제 이름
을 쓰기가 버겁다.

조금이나마 기력을 찾은 할머니 모습에 안심이 된다. 이제는 이곳을 떠나
야 한다. 어쩌면 할머니를 만나는 것이 마지막이라는 생각이 든다. 다음에
건강한 모습으로 만나자는, 기약 없는 약속을 하며 무거운 마음으로 춘화 진
을 떠난다.

중국에 남겨진 일본군 '위안부' 피해자 할머니들

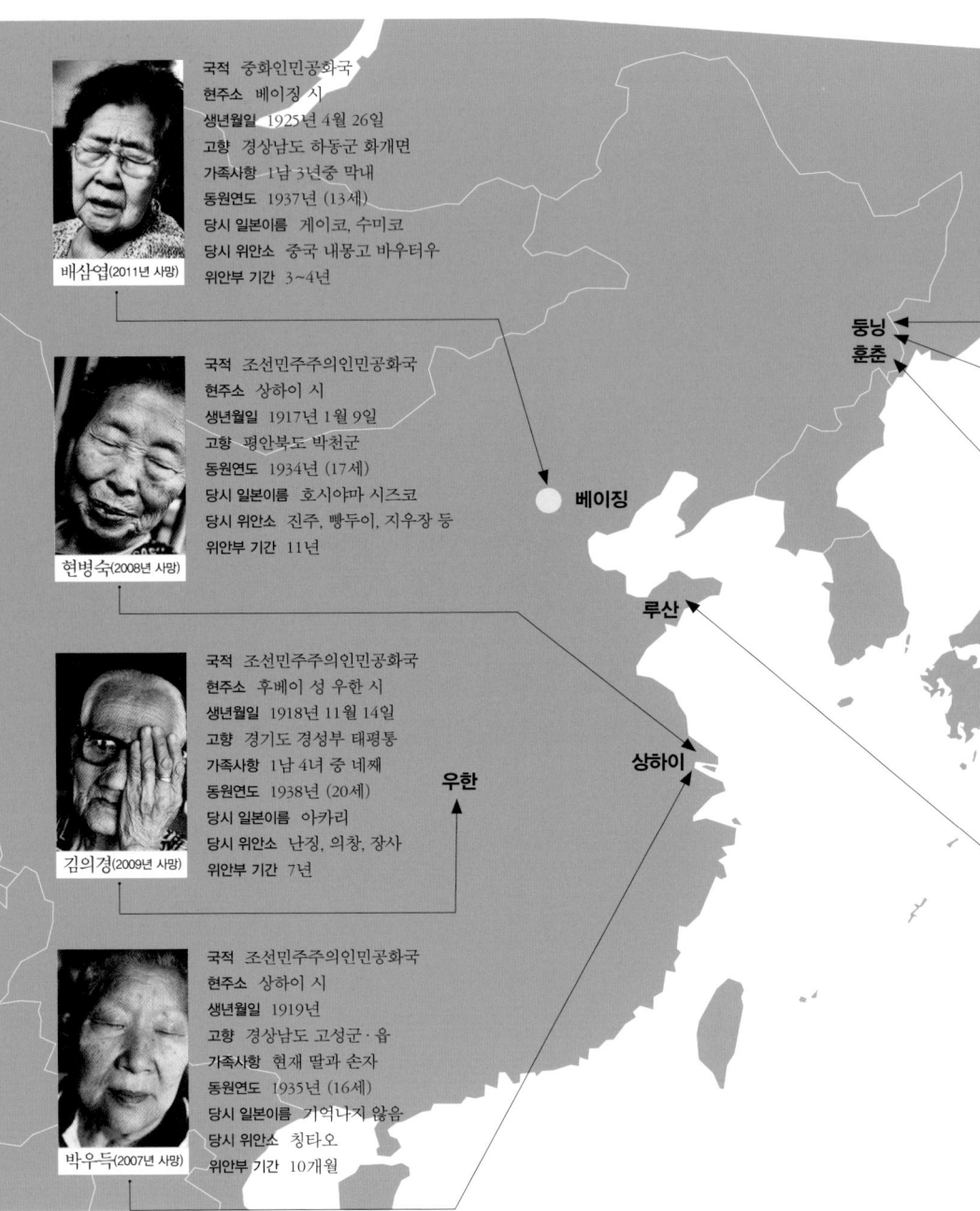

배삼엽(2011년 사망)

국적 중화인민공화국
현주소 베이징 시
생년월일 1925년 4월 26일
고향 경상남도 하동군 화개면
가족사항 1남 3년중 막내
동원연도 1937년 (13세)
당시 일본이름 게이코, 수미코
당시 위안소 중국 내몽고 바우터우
위안부 기간 3~4년

현병숙(2008년 사망)

국적 조선민주주의인민공화국
현주소 상하이 시
생년월일 1917년 1월 9일
고향 평안북도 박천군
동원연도 1934년 (17세)
당시 일본이름 호시야마 시즈코
당시 위안소 진주, 빵두이, 지우장 등
위안부 기간 11년

김의경(2009년 사망)

국적 조선민주주의인민공화국
현주소 후베이 성 우한 시
생년월일 1918년 11월 14일
고향 경기도 경성부 태평통
가족사항 1남 4녀 중 네째
동원연도 1938년 (20세)
당시 일본이름 아카리
당시 위안소 난징, 의창, 장사
위안부 기간 7년

박우득(2007년 사망)

국적 조선민주주의인민공화국
현주소 상하이 시
생년월일 1919년
고향 경상남도 고성군·읍
가족사항 현재 딸과 손자
동원연도 1935년 (16세)
당시 일본이름 기억나지 않음
당시 위안소 칭타오
위안부 기간 10개월

둥닝
훈춘
베이징
루산
우한
상하이

이수단(2016년 사망)

국적 중화인민공화국
현주소 헤이룽장 성 무단장 시 둥닝 현
생년월일 1922년 4월 3일
고향 평안남도 숙천군
동원연도 1940년 (19세)
당시 일본이름 히도미
당시 위안소 아청, 시먼쯔
위안부 기간 4~5년

김순옥

중국 이름 진수란金淑蘭
국적 중화인민공화국
현주소 헤이룽장 성 무단장 시 둥닝 현
생년월일 1922년 6월 25일
고향 평안남도 평양
동원연도 1942년 (21세)
당시 일본이름 가요코
당시 위안소 둥닝, 시먼쯔
위안부 기간 3년

박서운(2011년 사망)

국적 중화인민공화국
현주소 지린 성 훈춘 시 춘화 진
생년월일 1915년 11월 23일
고향 경상남도 부산 근처
가족사항 10남 1녀 중 막내
동원연도 1934년 (20세)
당시 일본이름 사시키
당시 위안소 춘화
위안부 기간 3개월

박대임(2012년 사망)

중국 이름 푸징아이朴敬愛
국적 중화인민공화국
현주소 산둥 성 루산 시 주왕 진
생년월일 1912년 9월 20일
고향 충청북도 진천군 진천면
가족사항 현재 아들, 며느리, 손자 가족
동원연도 1934년경 (22세)
당시 위안소 호텐, 만주 각지
위안부 기간 7년

에필로그

사진으로 겹겹이 쌓인 한을 풀다

2001년에서 2005년 사이에 일곱 차례, 2012년에 두 차례에 걸쳐 중국의 할머니들을 찾았다. 그리고 한국정신대연구소 연구원들과 세 차례에 걸쳐 헤이룽장 성에서 베이징, 상하이, 루산, 우한에 이르기까지 중국에 남겨진 조선인 일본군 '위안부' 피해자 할머니들을 찾아다녔다. 할머니들을 위해 내가할 수 있는 일이 무엇인지 많이 고민했다. 사진가로서 사진을 찍는 것 외에할 수 있는 것이 없어 자책하기도 했지만, 그것이 내 최대 장점이라는 결론을 내렸다.

2003년에는 타향에 남겨진 할머니들의 실상을 사진으로 널리 알리기 위해 또다시 사스가 창궐하던 중국으로 홀로 떠났다. 지금 모습에서 일제강점기의 모습을 간접적으로나마 체험하며, 7, 80여 년 전 할머니의 가슴속 아픔을 기교 없이 그대로 보여주고자 했다. 그해 8월 서울 인사동 대안공간 〈풀〉에서 첫 번째 사진전을 가졌다. 당시 '위안부'를 잘 모르던 시절이었다. 고향에 돌아오지 못한 할머니들의 이야기는 많은 사람들에게 충격을 주었다.

2012년까지 아홉 차례 중국을 방문하면서 짧은 시간이나마 할머니들과 울고 웃는 가운데 주고받은 이야기를 사진과 함께 이제야 책으로 발표한다. 한 번 만나고 두 번 세 번 만날수록 할머니들과 나누는 이야기의 깊이와 넓이는 점점 더해졌다. 말이 통하지 않아 손짓발짓으로 하는 대화에서도 진실은 통했다. 그 진실을 사진으로 글로 옮기면서 퇴색하지 않을까 걱정도 했다. 하나라도 놓치지 않고, 있는 그대로를 보여 주려고 했다. 한정된 지면에 글을 담고, 사진을 고르면서 내 가슴속에는 할머니들이 아직 살아있음을 실감했다.

책 속에 열세 분 모두 보여드리고 싶었지만, 그동안 돌아가신 할머니가 있고, 중국에 가서도 할머니를 만날 수 없는 상황도 있었다. 2003년 중국을 방문했을 때 러시아 접경인 둥닝에 사는 이광자 할머니가 돌아가셨다. 그리고 우한에 살던 하상숙, 백넙데기 할머니 두 분이 2003년 가족의 따뜻한 품을 그리며 한국으로 귀국해 국적을 회복하고 살았다. 그러나 한국에 남아 있는 가족한테 외면받아 큰 상처를 입었다. 결국 서울에 머물다가 외로움이 깊어지고, 의사소통이 되지 않아 몇 년 만에 다시 우한으로 돌아갔다.

2005년 이후 중국을 방문할 기회가 쉽지 않아 할머니들 얘기를 그저 간접적으로 들려오는 소식에만 의지했다. 간간히 전화통화로 할머니들께 안부만 전할 뿐이었다. 해마다 할머니들이 돌아가셨다는 소식을 전해 들으니 한 번이라도 더 만나야 한다는 생각은 간절했다. 하지만 개인 사정으로 움직일 수가 없었다. 점점 시간이 흐를수록 할머니들께 전화를 걸어도 없는 전화번호로 나오기 일쑤였다. 그동안 할머니들과 연락을 주고받다가 연락이 끊기면 몇 달 뒤에 할머니가 돌아가셨다는 비보를 들을 수밖에 없었다.

2012년 일본 도쿄에서 사진전을 열면서 중국에 남아 있는 할머니들께 이 사실을 알리기 위해 여러 차례 전화를 걸었다. 그러나 헤이룽장 성 둥닝에 있는 이수단 할머니와 지린 성 춘화 진에 사는 박서운 할머니가 전화를 받지 않았다. 수차례 시간차를 두고 전화했지만 헛수고였다. 2012년 10월과 12월에는 무작정 하얼빈과 우한으로 향하는 중국행 비행기에 몸을 실었다. 어쩌면 비보를 확인하는 절차일 수도 있다는 생각도 들지만, 혹시 이사했거나 전화번호가 바뀌었기를 간절히 바랐다.

연락이 두절된 동안 이수단 할머니는 다오허 진 마을에서 둥닝 시내에 새로 지어진 경로원으로 옮겨 생활하고 있었다. 그러나 2011년 봄 무렵에 정신분열증이 생기고, 그 와중에 침대에서 떨어져 대퇴골을 다쳐 혼자서는 대

소변도 식사도 할 수 없는 상황이었다. 가족도 없이 경로원에 살던 할머니는 의료 혜택조차 받지 못하고, 2016년 5월 16일에 돌아가셨다.

박서운 할머니를 만나러 갔을 때에는 옛집이 온데간데없었다. 마을 사람들에게 수소문해서야 겨우 할머니가 지난겨울에 돌아가신 사실을 알았다. 할머니 무덤이라도 찾아 명복을 빌고 싶었지만, 할머니의 흔적은 어디에서도 찾을 수 없었다. 이미 돌아가신 직후 화장이 된 채 들판에 뼛가루로 뿌려진 뒤였다. 할머니를 기억하고 싶어도 마지막 흔적을 그 누구도 더 이상 찾을 수 없었다. 지금까지 대부분의 할머니들이 그렇게 돌아가셨고, 중국에 남아 있는 나머지 할머니들도 마지막 한 줌의 흙먼지로 사라질 운명이다.

둥닝의 이광자 할머니는 2002년에, 베이징의 배삼엽 할머니는 2011년에, 상하이의 박우득 할머니는 2007년에, 현병숙 할머니는 2008년에, 우한의 백넙데기 할머니는 2006년에, 김의경 할머니는 2009년에, 박대임 할머니는 2012년에 유명을 달리했다.

지금은 네 분의 할머니가 한국과 중국에 살고 있다. 둥닝에 살던 김순옥 할머니는 2005년 경기도 광주에 할머니들이 모여 사는 〈나눔의 집〉에 온 뒤 건강이 좋아졌으나 최근 알츠하이머로 힘들어하고 있다. 베이징에 있는 이귀녀 할머니는 남편이 죽고 자식도 없는 상황에서 오래전부터 앓던 뇌졸증으로 혼자 생활하기 어려워 2012년 한국으로 귀국하여 요양원에서 살고 있다. 중국에 남아 있던 하상숙 할머니는 계단에서 구르는 사고로 중증인 상태에서 2016년 4월 서울로 이송돼 치료를 받은 후 서울의 한 요양원에서 지내고 있다. 박차순 할머니도 샤오간의 시골 마을에서 양딸 가족과 함께 살고 있다.

2011년부터는 일본의 나고야, 오사카, 교토, 도쿄 등지에서 할머니들을 만났던 이야기를 강연회로 풀어내고 있다. 강연회를 하면서 느끼는 것이 일본 사람 대부분이 일본군 '위안부'에 대해 무관심하다는 점이다. 사진이라는 예술을 통한다면 사람들이 이 문제에 관심을 가질 수 있다는 생각에 일본에서 사진전을 열기로 결심했다.

도쿄에서 갤러리를 찾던 중 2011년 12월에 도쿄 니콘살롱으로 사진과 사진전 내용이 담긴 리플렛 등을 보냈다. 다음해 1월 일본의 저명한 사진가와 평론가로 구성된 심사위원 다섯 명의 심사를 통과했다. 신주쿠 니콘살롱에서 사진전이 열리기로 결정된 것이다. 그러나 사진전을 한 달 앞둔 5월 22일 니콘살롱 측으로부터 돌연 밝힐 수 없는 이유로 사진전이 취소되었다는 통보를 받았다.

여러 차례 니콘 측에 대화할 것을 요구했으나 묵살당했고, 결국 도쿄 지방

법원에 사진전 개최를 위한 가처분소송을 신청했다. 니콘 측은 내가 〈겹겹〉 사진전을 통해 정치활동을 하려고 한다고 주장했다. 전시를 3일 앞둔 시점에 법원은 니콘의 주장이 부당하다며, 사진전을 개최하라는 결정을 내렸다. 동시에 전 세계 사진가와 일반인들이 니콘 측이 보여준 표현의 자유를 검열하는 행동에 반대하는 서명운동에 참여해 부당한 전시 취소에 항의했다.

전시기간 내내 정상적인 사진전이 아니었다. 니콘 측은 변호사와 직원 여러 명을 갤러리에 상주시키면서 나의 일거수일투족을 녹화하고 녹음하며 감시했다. 심지어 작가인 나도 갤러리 안에서 사진 찍는 것이 금지되었다. 남녀노소 할 것 없이 관람객의 가방을 열어보는 등 인권을 무시한 과도한 경비로, 전례 없는 사진전이 진행되었다. 니콘의 고의적인 사진전 방해에도 불구하고 관람객들이 사진전 개최를 지지해주어서 2주간의 사진전을 성공적으로 마칠 수 있었다.

오사카 니콘살롱에서 열린 사진전 역시 니콘 측이 갤러리를 열어주지 않아 전시가 취소되는 초유의 사태를 맞았다. 이에 간사이 지방 시민들이 어떻게든 사진전은 열려야 한다는 의지를 보여 오사카 신사이바시에 피르젠갤러리에서 한 달 뒤 긴급히 개최되었다. 사진전은 그 외에도 도쿄 네리마쿠 후루토갤러리, 외국인특파원클럽, 삿포로, 한국에서는 서울 류가헌갤러리, 국립대구박물관에서 개최되었다. 그리고 미국 내 일본군 '위안부' 기림비가 최초로 세웠진 뉴저지 팰리사이드 파크에서 한 달간 사진전과 필라델피아, 뉴욕 등지에서 강연회가 이어졌다.

니콘살롱 전시를 마친 뒤 도쿄지방법원에 니콘의 사진전 중지 결정의 부당함을 밝히기 위해 제소했다. 본재판은 4명의 변호인단과 매번 50명이 넘는 일본 시민이 참여한 가운데 구두변론, 증인심문 등으로 진행되었다. 4년 만인 2015년 12월 25일 니콘의 행동이 부당했다는 승소판결을 받았다.

일본군 '위안부' 피해자는 조선인만이 아니었다. 일본군은 제2차 세계내전 동안 태평양 연안의 국가에서 현지 여성들을 강제로 성노예로 삼았다. 한국뿐만 아니라 중국, 대만, 필리핀, 말레이시아, 인도네시아, 북조선, 호주, 일본 등의 지역에 피해자 할머니들이 당시의 고통에서 벗어나지 못한 채 살고있다. 대부분 나라들이 개발도상국이라는 이름 아래 선진국의 눈치를 보며 경제를 발전시키는 상황이다. 그러면서 전쟁 책임과 일본군 '위안부' 피해자 문제를 해결하려는 목소리를 내지 못하고 있다.

2013년부터는 필리핀, 인도네시아, 동티모르, 중국에서 현지 피해자 할머니 60여 분을 찾아 그녀들의 지울 수 없는 고통을 기록했다. 이들 나라는 피해자에 대한 조사나 보호를 하고 있지 않아 생존자의 피해 실태를 제대로 알 수 없는 상황이다. 필리핀 마닐라에 사는 10여 분의 할머니는 시민단체에서 만든 〈로라의 집〉에 종종 모인다. 할머니들은 대부분 손걸레와 아기옷 만드는 일로 소일하고 있고, 노래 반주에 맞추어 춤추며 아픈 가슴을 추스르고 있다. 당시의 생생한 기억과 억울함을 풀어보려 하지만, 그 목소리는 제대로 알려지지 않고 있다. 현지 정부의 무관심과 시민의식이 할머니들을 외면하고 있는 실정이다. 할머니들과 시민이 직접 1년에 두어 차례 일본 대사관을 찾아 항의 집회를 가질 뿐이다.

일본군 '위안부' 피해자가 생긴 지 80여 년이 된다. 전쟁으로 인해 20만 명으로 추정되는 여성들이 일본군의 성노예로 희생되었다. 이제 살아남은 '위안부' 피해자라고 밝힌 할머니들의 나이도 90대에 접어들어 살날이 그리 길지가 않다. 할머니들의 아픔은 과거가 아닌 현재까지 이어지고 있다. 앞으로 할머니들이 살아 계신 동안 아픔을 계속 기록하며 일본을 비롯한 세계 주요 도시에서 사진전을 이어나갈 것이다. 할머니들을 찍은 사진가들이 필리핀, 대만 등 현지를 비롯한 일본, 프랑스, 미국 등에도 있다. 이들과 공동 사진전을 통해서 할머니의 아픔을 덜어드리려고 한다.

하루라도 빨리 겹겹이 쌓인 할머니들의 한 맺힌 가슴이 풀리기를 바란다.